滇版精品出版工程专项资金资助项目

乡村振兴系列丛书

乡村产业振兴

释讲

谭 鑫 骆书发 邵小育 著

云南出版集团
云南科技出版社
·昆 明·

图书在版编目（CIP）数据

乡村产业振兴释讲 / 谭鑫，骆书发，邵小育著. --
昆明：云南科技出版社，2023
（乡村振兴系列丛书）
ISBN 978-7-5587-4462-4

Ⅰ. ①乡… Ⅱ. ①谭… ②骆… ③邵… Ⅲ. ①乡村一农业产业一产业发展一研究一中国 Ⅳ. ①F323

中国国家版本馆 CIP 数据核字（2023）第 024628 号

乡村产业振兴释讲

XIANGCUN CHANYE ZHENXING SHIJIANG

谭　鑫　骆书发　邵小育　著

出 版 人：温　翔
策　　划：高　亢　李　非　胡凤丽
责任编辑：王建明　赵伟力　洪丽春　曾　芫　张　朝　蒋朋美
助理编辑：龚萌萌
封面设计：昆明墨源图文设计有限公司
责任校对：秦永红
责任印制：蒋丽芬

书　　号：ISBN 978-7-5587-4462-4
印　　刷：云南灵彩印务包装有限公司
开　　本：787mm×1092mm 1/16
印　　张：7.25
字　　数：186 千字
版　　次：2023 年 6 月第 1 版
印　　次：2023 年 6 月第 1 次印刷
定　　价：58.00 元

出版发行：云南出版集团　云南科技出版社
地　　址：昆明市环城西路 609 号
电　　话：0871-64114090

《乡村振兴系列丛书》编委会

本册著者：谭　鑫　骆书发　邵小育

序

民族要复兴，乡村必振兴。

习近平总书记强调，实施乡村振兴战略，是党的十九大作出的重大决策部署，是新时代做好“三农”工作的总抓手。各地区各部门要充分认识实施乡村振兴战略的重大意义，把实施乡村振兴战略摆在优先位置，坚持五级书记抓乡村振兴，让乡村振兴成为全党全社会的共同行动。

云南省委、省政府认真贯彻落实党的十九大精神和十九届历次会议精神，团结带领全省各族群众，积极探索云南的乡村振兴，对全省实施乡村振兴战略进行了规划和部署。印发了《云南省乡村振兴战略规划（2018—2022 年）》。结合《中共云南省委关于制定云南省国民经济和社会发展第十四个五年规划和二〇三五年远景目标的建议》中提出的云南省要全力打造世界一流“三张牌”：“绿色能源牌”“绿色食品牌”“健康生活目的地牌”，大力发展高原特色现代农业，打造粮食、茶叶、花卉、水果、蔬菜、坚果、咖啡、中药材、生猪、肉牛十大高原特色现代农业重点产业。全产业链重塑云南农业，坚持市场导向，选准各地最具优势特色、最有发展潜力的主导产业，找到了云南乡村振兴的实施路径。

云南省的乡村振兴工作在紧锣密鼓地有序推进落实。与此同时，也暴露出一些不足：相关理论政策学习不全面、不彻底、不充分，解读不到位，实施经验不足，案例难寻，缺乏指导性、实操性较强的理论体系支撑。为了巩固拓展脱贫攻坚成果，做好脱贫攻坚与乡村振兴的有效衔接，更好地全面推进云南的乡村振兴战略，特策划出版《乡村振兴系列丛书》。

《乡村振兴系列丛书》立足乡村振兴战略实现农业农村现代化的总目标和坚持农业农村优先发展的总方针，根据产业兴旺、生态宜居、乡风文明、治理有效、生活富裕的总要求，对乡村产业振兴、人才振兴、文化振兴、生态振兴、组织振兴五大目标进行研究和解读，探索乡村振兴的内涵与外延。从农业农村现代化、生态文明建设、兴边富民等方面介绍相关的战略规划与政策体系。并通过乡村振兴基层操作、热词搜索、党建引领、民族团结促进等多渠道探索了乡村振兴的有效实施路径。本丛书系统构建了乡村振兴战略理论研究与实施支撑体系，为乡村振兴战略的推进落实、基层操作提供了丰富的理论研究依据和实施路径指南，具有较强的指导性、操作性。

《乡村振兴系列丛书》具有以下特点：

示范性强：本系列丛书最大的一个亮点，是充分考虑云南边疆民族地区的特点，也侧重于云南脱贫攻坚成果巩固与乡村振兴有效衔接的实际情况，在政策解读、实践操作时，重点考虑了云南作为边疆民族地区的差异、需求，提供切实可行的解决方案和操作要点，如针对边疆民族地区的兴边富民行动介绍；针对民族地区，以民族团结进步示范创建促推乡村振兴……符合实际需求，实操性、示范性较强。

系统性强：本系列丛书层次、版块分明，系统性、完整性较强，选题结构丰富，并兼顾了指导性和可操作性。共分三大层次，第一层次为战略规划、理论政策研究层次；第二层次为产业规划、操作实践层次；第三层次为实用技术类层次，共分产业兴旺、生态宜居、乡风文明、治理有效、生活富裕等版块。第三层次以广大农民为主要读者对象，以农业农村农民为主题，充分考虑农民群众的科技文化需求，力求农民群众读得懂、有实效。

指导性强：从内容来说，本系列丛书系统、全面，既重视理论、政策方面的研究与解读，也重视农村基层的实际需求，探索了操作实践路径，同时收纳了可操性较强的实用案例，参考性和指导性都十分强。

《乡村振兴系列丛书》旨在新形势下探讨乡村治理体系和治理能力现代化提升，通过有效路径，全面推进云南乡村振兴，为云南省农业发展、生产经营、农业科技提供帮助，为农业产业发展升级和农业产业链构建提供理论支撑，为云南省委、省政府的乡村振兴发展部署提供理论研究、法律支持和信息参考。

希望全省的“三农”专家、学者在省委、省政府的领导下，围绕云南全面推进乡村振兴的重大热点、难点问题，深入推进云南乡村振兴的理论研究、政策解读、路径探索等工作，为省委、省政府的决策提供依据、当好参谋，为云南的乡村全面振兴提供智力支持，为云南的农业、农村、农民现代化作出新的、更大的贡献。

《乡村振兴系列丛书》编委会

前言

乡村振兴是包括乡村产业振兴、人才振兴、文化振兴、生态振兴、组织振兴的全面振兴。党的二十大作出全面建设社会主义现代化国家，最艰巨、最繁重的任务仍然在农村的重要研判；提出要全面推进乡村振兴，要坚持农业农村优先发展，坚持城乡融合发展，畅通城乡要素流动；加快建设农业强国，扎实推动乡村产业、人才、文化、生态、组织振兴。其中，产业振兴居于首位，是实现乡村振兴，建设社会主义现代化国家的关键。乡村振兴以农民的共同富裕作为出发点和落脚点，产业兴旺是保障农民持续增收、共同富裕的重要动力。产业兴，乡村则兴，农民的获得感、幸福感、安全感才能不断提高。因此，实现乡村全面振兴，务必加快推进乡村产业振兴。

为了让大家对乡村产业振兴有一个全面的了解，本书分为六讲——背景之讲、理论之讲、政策之讲，及其云南乡村产业振兴的现状之讲、路径之讲，最后是案例之讲。

每一讲都试图从产业发展的角度出发，以产业兴旺为目标，以农业供给侧结构性改革为主线，坚持质量兴农、绿色兴农、品牌强农，强化标准引领，推进科技创新，突出品牌打造。同时依托产业融合发展为路径，发展多种形式规模经营，提升市场竞争力，做长产业链条，实现产业转型升级，构建现代农业产业体系。

“背景之讲”主要阐释乡村产业的重大意义；

“理论之讲”主要阐释乡村产业的逻辑起点；

“政策之讲”主要阐释乡村产业的制度保障；

“现状之讲”主要阐释乡村产业的百花齐放；

“路径之讲”主要阐释乡村产业的齐驱并进；

“案例之讲”主要阐释乡村产业的本地特色。

以期通过这六讲的学习，领导干部，政策研究者、学习者和相关人员能有所裨益。

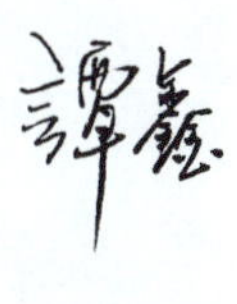

目录

第一讲　背景之讲

第一节　研究背景

乡村振兴战略是中国共产党基于我国社会发展现状作出的科学论断，是系统解决我国农业农村发展问题的重要理论依据，是基于我国仍处于并将长期处于社会主义初级阶段这一基本国情的背景，以及国内多年来关于农业、农村、农民发展过程中存在的问题提出来的重要工作部署，是新时代做好“三农”工作的总抓手。其总要求为产业兴旺、生态宜居、乡风文明、治理有效、生活富裕，具体内容包括乡村产业振兴、人才振兴、文化振兴、生态振兴、组织振兴；产业兴旺是首位，产业振兴是关键。促进产业发展是实施乡村振兴战略的重点要求，这凸显了产业发展在乡村振兴中的重要作用。好的产业惠农利民，顺应了亿万人民对美好生活的向往。

2018年中央一号文件指出，要坚持质量兴农、绿色兴农，以农业供给侧结构性改革为主线，加快构建现代农业产业体系，加快实现由农业大国向农业强国转变[①]。

2019年中央一号文件针对农村产业发展指出，要加快乡村特色产业和现代农产品加工业的发展，推进乡村新型服务业的提升，打造数字乡村大力开展农村电商，推行乡村旅游、休闲农业等发展农村经济[②]。

2020年中央一号文件提出，支持各地立足资源优势打造各具特色的农业全产业链，建立健全农民分享产业链增值收益机制，形成有竞争力的产业集群，推动农村一二三产业融合发展[③]。

① 广东农村政策研究中心：《中共中央国务院关于实施乡村振兴战略的意见》，https://rprc.scau.edu.cn/2018/0312/c3611a115664/page.html.，访问日期：2022年2月18日。

② 新华社：《四、发展壮大乡村产业，拓宽农民增收渠道》，http://www.moa.gov.cn/ztzl/jj2019zyyhwj/2019zyyhwj/201902/t20190220_6172162.html.，访问日期：2022年2月18日。

③ 新华社：《2020年中央一号文件公布》，http://www.mohrss.gov.cn/SYrlzyhshbzb/dongtaixinwen/shizhengyaowen/202002/t20200206_358143.html.，访问日期：2022年2月18日。

2021年中央一号文件再次提到，依托乡村特色优势资源，打造农业全产业链，把产业链主体留在县城，让农民更多分享产业增值收益。加快健全现代农业全产业链标准体系，推动新型农业经营主体按标生产，培育农业龙头企业标准“领跑者”。立足县域布局特色农产品产地初加工和精深加工，建设现代农业产业园、农业产业强镇、优势特色产业集群。推进公益性农产品市场和农产品流通骨干网络建设。开发休闲农业和乡村旅游精品线路，完善配套设施①。这一系列政策的出台更加反映了党中央对农村产业发展的高度重视，也充分表明了推动产业发展才能实现农村经济的可持续化发展，实现产业振兴。2022年中央一号文件提出，要继续支持创建一批国家农村产业融合发展示范园，继续开展农业品种培优、品质提升、品牌打造和标准化生产提升行动，引导企业到产地发展粮油加工、食品制造等一系列措施，持续推进农村一二三产业融合发展。大力发展县域范围内优势比较明显、带动农业农村能力强、就业容量大的产业，推动形成“一县一业”发展格局。聚焦农村产业链、物流链的建设，加强县域商业体系建设。制定落实各类政策，促进农民就地、就近就业创业。多措并举，加强生态治理和修复，推进农业农村绿色发展。

第二节　研究意义

通过分析云南乡村产业的发展，以小见大，找出云南省乡村振兴过程中存在的问题及遇到的困境，结合云南省乡村产业发展经验，综合国家出台政策和相关学者的理论研究成果，结合产业发展示范村案例予以分析，探索云南省产业振兴实施路径的特色方法和一般方法，以期为其他地区乡村产业振兴提供新思路，为政府有关部门、相关研究者提供一定的借鉴，丰富现有文献。

推进产业振兴，强化农业科技创新，保障农业基础地位，扩大农业发展规模，增强产业附加值，提升农民收入并缩小贫富差距，对维护社会和谐稳定等方面具有重要的现实意义。通过对云南省产业发展的研究，丰富高原山区乡村产业发展的理论性成果。

（执笔人：邵小育　谭鑫）

① 国家粮食和物资储备局：《中共中央 国务院关于全面推进乡村振兴加快农业农村现代化的意见》，http://www.lswz.gov.cn/html/xinwen/2021-02/21/content_264527.shtml，访问日期：2022年2月18日。

第二讲　理论之讲

第一节　乡村产业振兴之内涵

一、产业

产业是一个常用且较为模糊的概念，在汉语里与“工业”“部门”“实业”“行业”等词义通用。产业包括狭义和广义两种定义。狭义的产业主要是指工业。广义的产业可泛指国民经济的各行各业，大至门类、部门，小至行业，从生产到流通、服务以至文化、艺术、科技、教育等，无所不包。从逻辑学的角度看，产业是一个集合概念，是指利益相互联系的、具有不同分工的、由各个相关行业所组成的业态总称。产业是社会分工的产物，其内涵随着经济社会的不断发展得到丰富和延伸。在我国，农业为第一产业，包括农、林、牧、渔各业；工业为第二产业，包括采掘、制造、自来水、电力、蒸汽、热水、煤气和建筑各业；第三产业主要包括流通和服务行业。

二、乡村产业

国务院于 2019 年 6 月 17 日发布了关乡村产业发展的文件《国务院关于促进乡村产业振兴的指导意见》（以下简称《意见》），明确阐述了乡村产业是根植于县域，以农业农村资源为依托，以农民为主体，以一二三产业融合发展为路径，地域特色鲜明、承载乡村价值、创新创业活跃、利益联结紧密的产业体系，是提升农业、繁荣农村、富裕农民的产业[①]。乡村产业源于传统种养业和手工业，现已涵盖农业和依托农业农村资源发展的第二、第三产业。其中包括：现代种养业、乡土特色产业、农产品加工流通业、乡村休闲旅游业、乡村新型服务业和乡村信息产业等。其中有产业链延长、价值链提升、供应链健全及农业功能充分发掘、乡村价值深度开发、乡村就业结构优化、农民增收渠道拓宽等特征。《意见》还提出乡村产

① 国务院：《国务院关于促进乡村产业振兴的指导意见》，http://www.gov.cn/zhengce/content/2019-06/28/content_5404170.html.，访问日期：2022 年 2 月 20 日。

业的发展要坚持“因地制宜、突出特色；市场导向、政府支持；融合发展、联农带农；绿色引领、创新驱动”的基本原则。同时强调乡村产业的发展目标为：力争用5~10年时间，农村一二三产业融合发展增加值占县域生产总值的比重实现较大幅度提高，乡村产业振兴取得重要进展。乡村产业体系越健全完备，农业供给侧结构性改革成效就会越加凸显，乡村就业结构也会不断优化，农民增收渠道持续拓宽，乡村生活便会更加幸福。

三、乡村产业振兴

党的十九大提出乡村振兴战略，包含五大具体路径。其中产业振兴具有重要地位，是乡村振兴的物质基础。“产业振兴”是顺应时代发展要求提出的一个全新的、多维的新概念，不再单指“农业发展”。新时期“产业振兴”的内涵更加全面化，指整个农村产业体系，包括农村一二三产业的融合发展[①]。绿色安全、优质高效的乡村产业体系，是农民持续增收坚实的产业支撑[②]。产业兴则百业兴，我国的乡村产业振兴任务很重，不同产业的功能定位各自不同，需要准确把握目标，突出重点任务；政府和市场也要充分发挥好各自应有的作用，政府不断完善体制机制和支持政策，市场需要消除阻碍资源自由流动的障碍[③]。脱贫攻坚时期，产业发展促进我国扶贫工作的顺利完成，为乡村振兴奠定了坚实基础。乡村振兴时期，产业兴旺发展持续助力乡村振兴，构建了稳定的、可持续的乡村振兴，两者相互协调、相互促进[④]。新发展时期，在面临城乡差距，“两个一百年”奋斗目标的新情况下，乡村振兴进入新阶段，乡村产业振兴的发展也与实际相关联，结合不同区域的产业发展，必将对其意义与内涵有更加精准的定义。

第二节　乡村产业振兴之理论

一、产业发展理论

产业发展理论研究的其中一项是产业发展过程中的发展规律，包括诞生到淘汰所经历的各个阶段，即诞生、成长、扩张、衰退、淘汰的一系列过程。在各个阶段对其发展的条件和

① 蔡丽君：《实现农村产业兴旺的对策研究》，《农业经济》2008年第9期，22-23页。
② 董彦岭：《产业振兴——绿色安全、优质高效的乡村产业体系建设》，中原农民出版社，2019。
③ 张红宇：《加快推动中国特色乡村产业振兴》，《中国党政干部论坛》2018年第4期，32-35页。
④ 黄承伟：《打好脱贫攻坚战是实施乡村振兴战略的优先任务》，《贵州日报》2018年11月20日，第10版。

环境状况进行探究，从而找到相应政策措施解决实际问题。下面从经济增长理论、经济发展理论、产业衰退与产业调整理论来论述产业发展理论。

（一）经济增长理论

（1）在经济增长理论方面，亚当·斯密和道格拉斯·诺斯提出了自己的见解。亚当·斯密是最先在理论上系统研究经济增长问题的经济学家，他认为经济增长就是人均产出的增加或劳动产品，即社会纯收入的增加。他将经济增长因素归结为劳动、资本、土地、技术进步和社会经济制度五个方面；他从其劳动价值论出发，把劳动看作是极其重要的增长因素。道格拉斯·诺斯提出了全新的经济增长理论，他构建了一个以产权为基本概念，以制度变迁为核心，包括产权理论、国家理论、意识形态理论在内的严密理论体系和全新的经济增长模式。其核心内容就是用制度变迁的主要参数（即产权制度）来解释经济增长，基本命题是：一种提供适当个人刺激的有效产权制度是促进经济增长的决定因素。他认为制度变迁与技术进步有相似性，即推动制度变迁和技术进步的行为主体都是为了追求收益最大化。制度变迁的原则是当预期收益大于预期成本时，这个行为主体才会推动直至最终实现制度变迁。

（2）在新经济增长理论方面，众多学者也持有不同且丰富的观点。罗默、卢卡斯等人立足于舒尔茨等人创立的人力资本投资理论，将人力资本因素系统地引入经济增长模式，并把它置于最突出的地位，建立了“新增长理论”。罗默模式是一个“收益递增的长期增长模式”。传统的经济增长理论不仅从非人力资本前提出发，而且往往假定资本边际产出率递减，因而也就无法说明和保证产出及消费的长期增长。在罗默模式中，技术变革不仅认为内生化是经济增长的内生变量，而且是知识积累和人力资本增长的结果。知识积累和专业化的人力资本取代物质的因素成为经济增长的主要因素和原动力。知识积累和人力资本不仅自身收益是递增的，而且能通过其外部效应使物质资本及其他因素也产生递增收益，从而使整个经济的规模收益递增，实现经济的长期增长。

（二）经济发展理论

罗斯托的经济成长阶段论是西方现代经济发展阶段论的集中代表，也是最有影响的理论之一。他认为人类社会发展可以分为六个“经济成长阶段”：

（1）一是传统社会阶段；

（2）二是为“起飞”创造前提阶段；

（3）三是“起飞”阶段；

（4）四是成熟阶段；

（5）五是高额群众消费阶段；

（6）六是追求生活质量阶段。

在这六个阶段中，最关键的是“起飞”和“追求生活质量”两个阶段。如何在落后国家的传统社会经济里为“起飞”准备条件并尽早实现经济“起飞”是罗斯托最为关注的焦点问题。他认为“起飞”的决定性因素是：一个发生扩散效果的环境中引进新的技术，而新的技术又总被吸收在特定的工业部门。这些特定部门由于采用新技术降低了成本，扩大了市场，增加了利润和积累，扩大了对其他部门的产品需求及其所在地区经济的影响，从而带动了国民经济的整体发展。他称这种起引擎作用的特定工业部门为主导部门。当主导部门的先进技术及其影响已经扩散到各个有关部门和地区之后，它的历史使命也就完成了，这时就会有新的主导部门代替旧的主导部门。主导部门的不断交替带动着国民经济的持续发展。刘易斯提出了二元经济模式，他认为发展中国家普遍存在着以现代工业部门为代表的弱小的资本主义部门和以传统农业部门为代表的强大的非资本主义部门，即发展中国家的经济是二元经济。基于这一特点，发展中国家应通过扩张工业部门来吸收农业中的过剩劳动力，从而促进工业的增长与发展，以便消除工农业之间及工农业内部的各种结构失衡。二元经济模式实际上就是两部门间的劳动力转移的经济发展模式。他将经济发展过程分为两个阶段。第一阶段开始时，由于工业资本不多，无力吸收全部剩余劳动力，因此无论对劳动力的需求如何大，总能在不变的低工资水平上源源不断地得到劳动力供给。这样工业总产值中利润部分的增长速度将大大超过工资部分增长的速度，于是出现一个资本加速积累和迅速吸收农业剩余劳动力的增长时期，直至剩余劳动力被吸纳完毕。此后进入第二阶段。在第二阶段，由于劳动力也像其他生产要素一样是稀缺的，而不再是无限供给的，因此工资水平也不再是固定不变的，经济发展的成果、利益开始在两个部门之间及资本家和工人之间重新分配。刘易斯认为，当前发展中国家还处于第一阶段。

（三）产业衰退与产业调整理论

这一学说的主要创始人是弗农。只要存在社会分工，只要是社会化大生产，就会存在由多种不同的产业构成的产业总体。因此，从总体上来讲的产业将永远存在，产业总体也就不存在由产生直至消亡的生命周期。它的发展过程就是不断由不完善、不成熟的低水平向更完善、更成熟的高水平演进的过程。但是单个具体产业则不同，大多数产业都会存在由产生直至衰亡的生命周期。因为单个具体产业是由生产同种类产品的企业的集合，某种具体的产品大多数都存在生命周期。当某种产品走向消亡时，生产这种产品的企业也可能会衰亡。由生产消亡产品的企业集合而成的产业也就会走向衰亡。因此，可以说产品的生命周期与产业的生命周期密切相关。产品的生命周期是指“产品从最初投入市场到最终退出市场的全过程”。

产品的生命周期是某类产品在市场上存在的生命周期，不是某个产品从生产、使用到消耗或报废的使用寿命或自然寿命，所以产品生命周期与在市场上的时间有关，是产品市场上的生命周期。某种产品在市场上一般会依次经过进入期、成长期、成熟期和衰退期四个发展阶段。产品的生命周期决定产业的生命周期。但与其他事物的生命周期相比较，产业生命周期有所不同。一些产业不具有生命周期，像产业总体没有生命周期，大多数大类产业如农业、工业、服务业及其再下一个层次的种植业、旅游业等也不存在生命周期，而且单个具体产业也不一定都存在生命周期，不一定都会走向衰亡，如理发业、清洁水供应业等。

科技的发展对产业生命周期存在影响：

（1）一方面，随着新的科技的发展，社会向知识时代迈进，知识更新速度加快，技术开发周期缩短，产品升级换代步伐加速，使得产业很快由成熟期进入衰退期。有的产品的市场生命周期只有几年甚至几个月，因而产业生命周期大大缩短。

（2）另一方面，一些衰退的产业因为技术的进步不会消失，用高新技术进行改造和武装可以降低成本、提高质量、改进性能，将会重塑生命力，再次显示出产业成长期甚至成熟期的特征。

二、产业融合理论

（一）产业融合的概念

1. 国内外学者对于产业融合概念持不同观点

英国学者赛哈尔认为“某一种技术范式向不同的产业扩散，促使这些产业出现技术创新，进而产生产业融合[①]。”美国学者格利斯坦和卡恩指出：“产业融合即为了适应产业增长而发生的产业边界的收缩或消失[②]。”李浩、聂子龙认为产业融合是指不同产业或者同一产业内的不同行业相互渗透与融合，最终形成新产业的过程[③]。马健将产业融合的定义概括为：由于技术融合和产业管制的放松，各产业发生了业务、组织、管理和市场方面的资源整合，由此引起的竞争合作关系导致产业界限的模糊化[④]。

2. 基于乡村振兴的角度，许多学者对农村产业融合进行了研究

廖芮认为农村产业融合是以农村的产业为基础，借助产业交叉、渗透、重组等手段，构建新业态、新技术等，加快促进农村三产融合[⑤]。邱天朝认为农村产业融合相较于传统农业具有更加有效的产业组织方式，是在技术、资金、人才、管理等生产要素方面相互交叉渗透，拥有更加紧密的利益联结机制，用第二、第三产业的利润合理反哺农业，产业链利益分配更加合理，提高农业竞争力，带动农民增收的一个过程[⑥]。总的来讲，农村产业融合是以农业为基础，以不同产业或同一产业不同行业相互渗透为路径，追求新技术、新模式、新业态，推进农业供给侧结构性改革，构建农业与第二、第三产业交叉融合的现代产业体系。

（二）产业融合的类型

基于国内外学者从不同的角度研究和分析，产业融合类型的分类也不尽相同。总结如下：

1. 结合产业性质进行分类

基于技术角度，可分为替代性融合和互补性融合；基于产品市场供给和需求的角度，可分为需求融合和供给融合。在此基础上，后续分别出现了需求替代性融合、需求互补性融合、

① 李美云：《国外产业融合研究新进展》，《外国经济与管理》2005 年第 12 期，12-20 页。
② 薛金霞、曹冲：《国内外关于产业融合理论的研究综述》，《新西部》2019 年第 30 期，73-74 页，第 90 页。
③ 李浩、聂子龙：《产业融合中的企业战略思考》，《南方经济》2003 年第 5 期，46-49 页。
④ 马健：《产业融合理论研究评述》，《经济学动态》2022 年第 5 期，78-81 页。
⑤ 廖芮：《基于共享模式的四川省农村产业融合创新研究》，《农业经济》2018 年第 4 期，9-11 页。
⑥ 邱天朝：《让农村产业融合成为带动农民增收的新动能》，《中国经贸导刊》2016 年第 34 期，16-20 页。

供给替代性融合和供给互补性融合。也有学者将产业融合分为技术替代性融合、技术互补性融合、产品替代性融合、产品互补性融合四种。

2. 按产业融合的过程进行分类

分为功能性融合与机构性融合。前者指两个产业具有替代性或互补性的产品时，发生在不同产业之间的融合；后者指的是同一个企业生产产品时，其不同产品存在关联，后续产供销的某个环节可进行融合。

3. 基于融合程度和市场效果进行分类

产业融合又可以分为完全融合、部分融合、虚假融合三种类型。

（三）产业融合的特性

（1）产业融合得以实现，无外乎两点：①技术进步，技术创新和技术融合是产业融合发生的主要动力，具有决定性作用；②产业管制的放松让原本自然垄断产业可以凭借自身技术和经营优势互相介入，只有当竞争不断被激化，产业间的竞争规制才会逐渐趋于同步，才能进一步为产业融合扫清障碍①。

（2）产业融合具有特定的位置。产业融合大多数情况下出现在不同产业之间的边界位置、交叉位置。产业融合的发生是某个产业内与产业外进行要素信息的交换。由于某些产业处于产业边界位置，它与别的产业进行的信息、技术、能量及物质的交互，由此将相互独立的行业在所需要素上相互渗透，造就产业融合的产生②。

（3）产业融合带给农村新活力。产业融合为新兴产业发展起到了积极作用，就是打破了人们传统意义上的产业创新，即一种新模式的产业创新。也就是农业在生产与发展过程中，与第二、第三产业深度融合，提升传统农业的活力，促进乡村三产联动，带领乡村产业致富。

（四）产业融合的过程

产业融合是一个不断变化且缓慢的过程。开始时，是两个或者两个以上不同的产业，随着产业规模不断壮大及相关技术出现革新时，部分产业组织以适应生存为目的，就会生产多功能、多用途的产品，造成了有些产业的产品出现相似的现象，它们“相互依存”，但是它们的关联度不大。然后当更多的产业生产出用途、功能不一样的产品时，部分产业的边界会慢慢出现模糊的情况，进而出现不同产业交叉、互融，融合型产品随之生产出来，这表明产业融合已经出现。发生上述产业融合的各类产业中，彼此会相互促进，并且逐渐出现产业创新的现象。当新兴产业的出现及融合型的产品在市场中占主要位置时，产业融合就彻底实现了。

农业产业融合的过程就是既要综合考虑农业的产业属性，也要结合产业的多功能特性，在此基础上构建可持续发展的农业产业链条，以此来达到农业产业与第二、第三产业保持良好的渗透性，充分利用全产业链条，推进地区经济融合、劳动力融合，切实为城乡一体化发

---

① 薛金霞、曹冲：《国内外关于产业融合理论的研究综述》，《新西部》2019 年第 30 期，73-74 页，第 90 页。

② 郑明高：《产业融合发展研究》，博士学位论文，北京交通大学经济学，2010。

展提供助力，积极推动城乡经济互补协同发展。随着经济与科学技术的不断发展，传统产业界限逐渐模糊，新的产业组合形态在此基础上形成，农业产业与服务业、制造业融合程度加深，最终形成新型农业产业体系[①]。

三、产业结构转型理论

（一）产业结构理论的发展

20 世纪 50—60 年代，产业结构理论在国外学者研究下，得到了较快的发展。

里昂惕夫和丁伯根沿着主流经济学经济增长理论的研究思路，分析了经济增长中的产业结构问题。里昂惕夫在《现代经济增长》和《各国经济增长》中，深入研究了经济增长与产业结构关系问题。在丁伯根的经济政策理论中蕴含丰富的产业结构理论，他认为经济结构就是要有意识地运用一些手段以达到某种目的，其中就包含了调整结构的手段。刘易斯的产业结构理论则是发展经济学研究的进一步延伸。刘易斯于发表的《劳动无限供给条件下的经济发展》一文中，提出了用以解释发展中国家经济问题的理论模型，即二元经济模型。赫希曼在 1958 年出版的《经济发展战略》中提出了一个不平衡增长模型，突出了早期发展经济学家限于直接生产部门和基础设施部门发展次序的狭义讨论。罗斯托提出了著名的主导产业扩散效应理论和经济成长阶段理论。他认为，产业结构的变化对经济增长具有重大的影响，在经济发展中应重视发挥主导产业的扩散效应。钱纳里认为，经济发展中资本与劳动的替代弹性是不变的，从而发展出柯布 – 道格拉斯生产函数学说；指出在经济发展中，产业结构会发生变化，对外贸易中初级产品出口将会减少，逐步实现进口替代和出口替代。

（二）产业结构转型理论的研究

产业结构转型理论的研究在国内也有很大的进展，在理论界对产业转型和产业升级两个概念的认识并没有多大差别，转型与升级往往合二为一。本文采用这一观点，即基于产业结构视角结合众多学者研究产业结构转型理论，也为产业结构升级理论。改革开放后，市场经济取得发展，市场背景下的产业结构问题成为研究热点，包括产业结构演变、产业结构合理化、经济开放对产业结构的影响等。产业转型升级的概念也由此应运而生。1997 年 1 月 17—18 日，中国社会科学院工业经济研究所举办了“产业升级、体制转换与国际合作国际讨论会”，会后，会议秘书处总结与会学者的讨论，认为“中国正进入一个产业调整与产业升级的新阶段，90 年代的产业升级已经从主要进行产业间比例调整，转向必须进行深层次的产业结构调整的新阶段”。显然，会议认为产业升级是细分层面的产业结构调整，仍然维持着产业结构的思路。部分学者从不同角度出发，对产业结构调整进行了探讨。其中，李培育研究了落后地区产业升级过程中比较优势的局限性与竞争优势的适用性，将产业升级定义为

---

① 刘敏：《基于产业融合理论视角再探休闲农业产业发展》，《广东蚕业》2010 年第 55 卷第 11 期，112-113 页。

“产业结构调整”[①]。蒋永志研究了我国较发达地区的产业升级，他指出，“经济发展的过程，也是产业结构调整和产业结构不断升级的过程”，产业升级的内容是“经济（偏轻）工业化地区政府部门推进重化工业发展”[②]。从产业结构视角出发，新时代产业转型升级就是产业结构的升级换代，即淘汰劳动密集型行业，转向发展技术和知识密集型行业。

第三节　乡村产业振兴之产业类型

一、农业产业

根据《国民经济行业分类》，我国的三大产业为农业、工业和服务业。农业为第一产业，从广义的角度划分，农业包括种植业、林业、畜牧业、渔业、副业五种产业形式；从狭义的角度划分，农业是指种植业，包括生产粮食作物、经济作物、饲料作物和绿肥等农作物的生产活动。“农业”一词亘古至今，其概念内涵丰富，许多学者对其进行过相关研究。其中，傅新红从使用要素的角度定义农业，认为农业是人类利用生物体的生理机能与水、土等自然资源，通过劳动和经济投入来利用生物生长规律，以获取农产品的产业[③]。袁志清从农业可持续发展角度定义，认为传统农业是一种低效率的持续农业，是一种物质、能量低消耗、低投入、低产出，半封闭式的小循环，劳动生产率很低的自然经济；现代持续农业是高度综合性、高密度型的产业，是一个“自然环境—生物—人类社会”复合系统[④]。章玉丽从农业效益的角度进行定义，认为农业就是这种比较效益低而社会效益高的部门，农业对人民生活和国民经济的重要意义是不言而喻的[⑤]。农业发展至今，许多学者在研究中将其按不同的职能进行了分类，如精准农业、粗放农业、生态农业、有机农业、白色农业、绿色农业、可持续农业、观光农业、设施农业等。关于各细分农业的相关概念界定，各学者基于自身研究给出了相应的解释，其中，王淑敏等人认为生态农业是指运用生态学原理和系统科学的方法把现代科学成果与传统农业技术精华相结合建立起来的，具有生态合理性、能良性循环的一种现代农业

① 李培育：《落后地区产业升级战略中的需求分析》，《管理世界》2003 年第 7 期，76-80 页，第 89 页。
② 蒋永志：《工业化先行地区产业升级路径研究》，《中国工业经济》2005 年第 5 期，74-80 页。
③ 傅新红：《农业经济学》，高等教育出版社，2016。
④ 袁志清：《现代持续农业的概念、特征、体系》，《南方农村》2016 年第 32 卷第 2 期，13-15 页。
⑤ 章玉丽：《对邓小平农业“两个飞跃”研究中几对概念关系的辨析》，《毛泽东邓小平理论研究》2017 年第 4 期，46-51 页，第 107 页。

发展模式[①]。刘汉成认为设施农业就是通过采用现代农业工程和技术改变自然环境，提供动植物生产所需的温度、湿度、阳光、水肥等条件，达到有效生产并获得较高产出的农业[②]。凡昌茹认为精准农业是一种基于信息和知识的现代农业管理系统，以实现农田低耗、高产、优质为目标，以信息、知识为基础，根据时空差异，综合运用现代传感器及先进的监测系统，对土地和农作物的详细数据进行完整、准确、及时地了解，达到深入了解土壤性状的目的，从而能够根据当时当地的实际需要确定对农作物的投入[③]。无论从不同角度定义农业，还是基于农业特性进行细分农业的概念，都可得出：农业是国民经济中一个重要的产业支撑，它是以土地资源为生产对象，通过培育动、植物产品从而生产食品及工业原料的产业。

"农业"一词加上"产业"，使农业的内涵得到延伸。针对农业产业，众学者又产生不同见解。申琪从农业产业化角度出发，认为农业产业是以市场为导向，以经济效益为中心，以主导产业、产品为重点，优化组合各种生产要素，实行区域化布局、专业化生产、规模化建设、系列化加工、社会化服务、企业化管理，形成种养加工、产供销、贸工农、农工商、农科教一体化经营体系，使农业走上自我发展、自我积累、自我约束、自我调节的良性发展轨道的现代化经营方式和产业组织形式[④]。陈红梅也持有相同观点，认为农业产业是以市场为导向，以农户为基础，以"龙头"企业为依托，以系列化服务为手段，以经济效益为中心，把农业产品的生产、加工、销售等环节连成一体，形成有机结合、相互促进的组织形式和经营机制。各学者对农业产业的定义核心部分相对一致[⑤]。从产业振兴的角度出发，农业不断实现产业升级，从传统农业不断创造革新趋于现代农业，农业产业依托市场为导向，以科技为支撑，以增加效益为中心，整合优化各个要素，助力新时代乡村产业不断升级，促进农业、农村现代化蓬勃发展，是乡村振兴战略全面推进的重要基础。

二、工业

工业为我国第二大产业，一直被称为国民经济的主导产业。中国的工业主要以基础工业为主，包括能源工业，钢铁工业，机械工业等。

1. 工业分类

在工业分类中分为重工业和轻工业。《中国统计年鉴》对重工业的定义：为国民经济各部门提供物质技术基础的主要生产资料的工业；对轻工业的定义：主要提供生活消费品和制作手工工具的工业。

---

① 王淑敏、付彦堂：《有关"农业"概念介绍》，《河北理科教学研究》2004 年第 1 期，71-72 页。

② 刘汉成：《现代农业发展的理论与实践》，中国经济出版社，2016，5-7 页。

③ 凡昌茹：《浅析精准农业及其在我国的应用发展》，《现代化农业》2018 年第 2 期，10-11 页。

④ 申琪：《农业产业发展的电子商务契合度分析》，《商》2016 年第 24 期，第 107 页。

⑤ 陈红梅：《北泉特色小镇建设中农业产业发展研究》，博士学位论文，石河子大学药学院药理学，2019。

2. 纵观工业的发展，具有深厚的历史底蕴

从时间来看，在历史上工业经历了三次重大技术革命。第一次工业技术革命发生在18世纪60—70年代，主要发生在纺织和冶金这两个传统部门，蒸汽机的发明和应用，解放了人工苦力；19世纪70年代，第二次工业技术革命则用内燃机和电动机代替了蒸汽机，创造了许多新的产业；20世纪50年代，第三次工业技术革命带来了微电子技术的发展和应用，为世界带来了科技力量，促进了社会发展，提升了人民的生活水平。三次工业革命使人类发展进入了空前繁盛的时代。

3. 工业在国家经济中具有主导作用

工业决定着国民经济现代化的速度、规模和水平，在当代世界各国国民经济中起着主导作用。工业还为自身和国民经济其他各个部门提供原材料、燃料和动力，为人民物质文化生活提供工业消费品；它还是国家财政收入的主要来源，是国家经济自主、政治独立、国防现代化的根本保证。除此以外，在社会主义条件下，工业的发展还是巩固社会主义制度的物质基础，是逐步消除工农差别、城乡差别、体力劳动和脑力劳动差别，推动社会主义社会向共产主义社会过渡的前提条件。

4. 工业发展巩固社会的物质基础，对乡村振兴战略发展也有着不同的影响

在研究工业同乡村振兴发展中，陈锦、尹传波从工业和旅游业占比角度出发，认为工业与旅游业以环境为纽带对乡村振兴起着对立又依存的作用，以工业或旅游业单驱带动乡村振兴的水平是有限的，当工业与旅游业的比值达到某个比例时为最佳双驱推动比[①]。王春刚从产业融合角度出发，认为乡村工业是乡村产业链条的关键环节，上承农村第一产业，下启农村第三产业，是乡村产业兴旺的基础，是增加农民收入，提高农民生活水平，实现生活富裕的重要途径[②]。工业是国民经济发展的支柱性产业。项肖、范巧认为工业产业兴旺是乡村产业兴旺的关键主体和坚强柱石，是理清工业产业兴旺发达的关键驱动力因素，是确保新时代工业产业兴旺，进而实现乡村产业兴旺和乡村振兴的关键举措[③]。可见，工业对于农村地区经济发展的意义是不言而喻的，对乡村振兴的推动作用更大。

三、现代服务业

21世纪以来，在以信息技术为主体的技术创新推动下，世界经济逐步由“工业经济”转变为“服务经济”。

在国外，1935年英国经济学家埃伦·费西的著作《安全与进步的冲突》中第一次使用“第三产业”的定义，并开始专门对服务业理论进行研究。

① 陈锦、尹传波：《工业与旅游业推动乡村振兴的系统动力学分析》，《市场论坛》2021年第6期，31-38页。
② 王春刚：《乡村振兴视域下乡村工业发展面临的困境及对策》，《前沿》2021年第3期，59-65页。
③ 项肖、范巧：《乡村振兴背景下欠发达地区乡镇工业产业兴旺的驱动力研究——以甘肃省为例》，《科技和产业》2021年第21卷第3期，61-68页。

在国内，1997 年 9 月党的十五大报告中提出了“现代服务业”这一概念。

1. 近几年，我国专家、学者对现代服务业的发展现况进行了专门研究

黄繁华、丁刘华对当前经济全球化背景下现代服务业的发展进行了探讨，最终分析论证了加入世贸组织后我国现代服务业的开放规律及发展现状[①]。刘辉群、顾蕊以国际服务业转移为背景，分析了中国现代服务业的发展潜力与国际服务业连接转移的发展空间，包括传统的优势行业和新兴行业两大领域，提出应完善促进我国现代服务业的发展政策[②]。

2. 众学者根据现代服务业的特点，总结其概念内涵

黄海梅提出，现代服务业是指传统服务业生产与生活服务产业相对应的产业[③]。孟潇等人将其定义为以信息技术为支撑，随着社会分工细化与消费结构升级所涌现的新兴服务业，或用现代化技术改造提升，满足社会各阶层多重需求的传统服务业[④]。总而言之，现代服务业是紧随信息技术和知识经济的发展产生，在传统服务业基础上用现代化的新技术、新模式和新服务方式加以改造，创造消费需求，向社会提供高附加值、高层次、知识型的生产服务和生活服务。

3. 现代服务业对乡村振兴发展也有着不同的影响

部分学者从服务业与农业结合的角度对现代服务业进行分析，提出了在乡村振兴的背景下，现代农业与服务业的融合发展带来的不仅是生产方式的改变，更重要的是为农业带来较为广阔的前景，如促使现代农业与旅游业良好融合、提高农产品的附加值[⑤]。而现代农业和物流服务的融合发展，推动了创意休闲旅游农业的发展。由此可见，现代服务业的蓬勃发展助力了乡村产业升级换代。在新的时代下，要坚持推动乡村现代服务业高质量发展和乡村产业振兴，促进农业高质高效、农民富裕富足。

四、一二三产融合型

2015 年，国务院办公厅印发《关于推进农村一二三产业融合发展的指导意见》，明确指出了推进农村产业融合发展是一项重大举措。

从国家政策角度出发，产业融合的内涵是用工业理念发展农业，以市场需求为导向，以完善利益联结机制为核心，以制度、技术和商业模式创新为动力，推进农业供给侧结构性改革，

---

① 黄繁华、丁刘华：《经济全球化背景下南京现代信息服务业发展》，《南京社会科学》2021 年第一期增刊，113-117 页。

② 刘辉群、顾蕊：《国际服务业转移下的中国现代服务业发展策略》，《重庆工商大学学报：西部论坛》2005 年第一期增刊，93-94 页。

③ 黄海梅：《对现代服务业财税政策的探讨》，《阜阳师范学院学报（社会科学版）》2008 年第 6 期，104-105 页。

④ 孟潇、聂晓潞、纪若雷：《关于现代服务业内涵辨析与发展经验的评析》，《经济研究参考》2014 年第 26 期，41-49 页。

⑤ 李晓曦、徐敬红：《乡村振兴视角下现代农业和服务业融合发展研究》，《河南农业》2021 年第 29 期，10-11 页。

着力构建农业与第二、第三产业交叉融合的现代产业体系，倡导农牧结合、农林结合、循环发展，推进农业与旅游、教育、文化、健康养老等产业深度融合，实施“互联网＋现代农业”行动，推进现代信息技术应用于农业生产、经营、管理和服务，促进农业增效、农民增收和农村繁荣。

随着农村产业融合逐渐成为国家的发展战略之一，学术界也开始对这一概念进行了不同界定。李浩、聂子龙认为产业融合是指不同产业或者同一产业内的不同行业相互渗透与融合，最终形成新产业的过程[①]。苏毅清等人认为农村一二三产业融合是指第一产业的细分产业与第二、第三产业中的细分产业所形成的社会生产的产业间分工在农村实现内部化[②]。马晓河认为农村产业融合是以农业为基本依托，以新型经营主体为引领，以利益联结为纽带，通过产业联动、要素集聚、技术渗透、体制创新等方式，将资本、技术以及资源等要素进行跨界集约化配置，使农业生产、农产品加工和销售、餐饮、休闲以及其他服务业有机地整合在一起，使得农村一二三产业之间紧密相连、协同发展，最终实现农业产业链延伸、产业范围扩展和农民增收[③]。虽然各学者对产业融合的概念不尽相同，但核心思想共鸣，总体而言农村产业融合是以农业为基础，以不同产业或同一产业不同行业相互渗透为路径，以市场需求为导向，在新型经营主体的带领下，不断联结利益机制，不断优化创新，延伸农村产业链和产业范围，追求新技术、新模式、新业态，推进农业供给侧结构性改革，构建农业与第二、第三产业交叉融合的现代产业体系。

“三产”融合对乡村振兴战略发展也有着重大的影响。乡村振兴成为主流，通过将农业、工业、服务业、信息业、知识产业进行融合，可实现对乡村振兴的促进作用[④]。同时，产业发展是激发乡村活力的根本所在，促进农村一二三产业融合发展，有助于激发农业农村经济发展的创造力、竞争力，改造提升农业农村传统发展动能，培育形成农业农村发展新动能，为产业兴旺提供动力支撑[⑤]。可见，推动农村一二三产融合，有助于带动更多资源要素进入农业农村，促进生产、生活、生态充满活力，在更多领域、更大范围、更高水平上推动乡村振兴战略发展。

（执笔人：邵小育　谭鑫）

① 李浩、聂子龙：《产业融合中的企业战略思考》，《南方经济》2003 年第 5 期，46-49 页。

② 苏毅清、游玉婷、王志刚：《农村一二三产业融合发展：理论探讨、现状分析与对策建议》，《中国软科学》2016 年第 8 期，17-28 页。

③ 马晓河：《推进农村一二三产业融合发展的几点思考》，《农村经营管理》2016 年第 3 期，28-29 页。

④ 韦德顺：《乡村振兴战略背景下产业融合探究》，《南方农业》2020 年第 14 卷第 11 期，103-104 页。

⑤ 卢凤君、刘晴、卢凤林：《乡村振兴战略背景下产业融合的路径与实践》，《中国工程咨询》2018 年第 5 期，24-29 页。

第三讲　政策之讲

第一节　乡村产业振兴之国家政策

一、《国家乡村振兴战略规划（2018—2022年）》产业振兴解读

（一）《国家乡村振兴战略规划（2018—2022年）》（以下简称《规划》）出台的背景和意义

1. 背景

《国家乡村振兴战略规划（2018—2022年）》政策文件的出台，是对党的十九大作出中国特色社会主义进入新时代的科学论断，提出实施乡村振兴战略的重大历史任务的细化，是推动我国“三农”发展进程中重要力量，是为了更好地贯彻落实党的十九大的精神，描绘好战略蓝图，强化规划引领，以更科学有序的方式推动乡村产业、人才、文化、生态和组织振兴的发展，对实施乡村振兴战略作出的阶段性谋划。该政策的出台是在认真总结农业农村发展历史性成就和历史性变革的基础上，准确研判经济社会发展趋势和乡村演变发展态势，切实抓住历史机遇，增强责任感、使命感、紧迫感，把乡村振兴战略切实做好的重要举措。

2. 意义

（1）实施乡村振兴战略，进一步推动现代化经济体系的建设。农业是支撑国民经济持续发展和进步的保障，农村经济是现代化经济体系的重要组成部分，因此推动农业产业高质量发展，强化乡村振兴的产业支撑，是推动乡村经济发展的重要力量。强化乡村产业支撑就要推动乡村产业振兴，深化农业供给侧结构性改革，构建现代农业产业体系、生产体系、经营体系，实现农村一二三产业深度融合发展，推动农业提质增收，进而增强我国农业竞争力，带动农村经济稳定发展，为建设现代化经济体系奠定坚实基础。

（2）实施乡村振兴战略，助力美丽中国的建设。实施乡村振兴战略，乡村生态功能得到进一步的开发和认识，生态涵养等新型乡村功能被进一步激发，因此山、水、林、田、湖、草、沙等自然环境将进一步得到保护，形成乡村里的宜人风光。同时，乡村振兴战略推动生态宜居的整治，农村生态环境得到改善，有利于构建人与自然和谐共生的乡村发展新格局，实现百姓富裕、生态美丽的和谐统一。

（3）实施乡村振兴战略，促进全体人民共同富裕。实施乡村振兴战略，基于农民收入构成，多措并举，拓宽增收渠道、挖掘增收潜力、培育增收动能。提高广大农民的收入，进而全面改善农村生产生活条件，促进社会公平正义，有利于增进农民福祉，让亿万农民走上共同富裕的道路，汇聚起建设社会主义现代化强国的磅礴力量。

（二）产业振兴的总体要求

1. 指导思想

《规划》强调，要以习近平新时代中国特色社会主义思想为指导，全面贯彻党的十九大和十九届二中、三中、四中、五中全会精神，坚持和加强党对乡村文化工作的全面领导，坚持农业农村优先发展。

2. 发展目标

《规划》提出了 2022 年农村一二三产业融合发展格局初步形成，乡村产业加快发展，农民收入水平进一步提高，脱贫攻坚成果得到进一步巩固。具体可归纳为：①通过发掘农业农村新功能新价值、培育新产业新业态、打造新载体新模式，推动农村产业深度融合；②通过提高农民参与程度、创新收益分享模式、强化政策扶持引导完善紧密型利益联结机制；③通过培育壮大创新创业群体、完善创新创业服务体系、建立创新创业激励机制，激发农村创新创业活力。

3. 基本原则

①坚持党管农村工作；②坚持农业农村优先发展；③坚持农民主体地位；④坚持乡村全面振兴；⑤坚持城乡融合发展；⑥坚持人与自然和谐共生；⑦坚持改革创新、激发活力；⑧坚持因地制宜、循序渐进。

（三）如何繁荣壮大乡村产业

《规划》提出，以完善利益联结机制为核心，以制度、技术和商业模式创新为动力，推进农村一二三产业交叉融合，加快发展根植于农业农村、由当地农民主办、彰显地域特色和乡村价值的产业体系，推动乡村产业全面振兴；并做出了针对性的部署。

1. 推动农村产业深度融合，农村产业深度融合不能只融于“表”，还要融于“里”

要坚持问题导向，实现农业产业融合“表里如一”。将资本、技术以及资源要素进行跨界集约化配置，使产业有机地整合在一起，使得农村一二三产业之间紧密相连、协同发展，最终实现了农业产业链延伸、产业范围扩展。

2. 发掘新功能新价值

农业的价值不应仅停留在第一产业的种植和养殖上。

（1）拓宽产业类型。农业不仅是田间土地上的劳作，还可以是第三产业休闲的、健康养老的、观光的、亲子活动的、创意文化的、多重功能与价值的发展。它是传统农业的升级版，加之科学方法为指导的新业态。

（2）增强地方特色产品时代感和竞争力。要在乡村产业振兴中，大力发展特色产品，发挥地域自然优势，在新时代下形成具有高度竞争力的特色产业，以此引领新的消费热点，增加乡村生态产品和服务供给。进一步提升农产品加工业发展，不仅促进农业提质增效，同时帮助广大农民实现就业增收，提高人民群众的生活质量和健康水平，保持经济快速平稳增长。

3. 培育新产业新业态

（1）推进新产业的发展。发展农村电子商务产业在农村扎根发芽。具体举措如下：

①强化新产业人才保障。农村基层组织和相应社会组织积极动员群众，充分利用网络的优势，大力实施远程教育，强化农民电商的学习意识，促进新型农民掌握新产业的相关技能。同时加强高校人才联合培养，为电商人才专业队伍不断积蓄力量。

②加快农村新产业的基础设施建设。在网络通信上，实现互联网、移动通信、广播电视等多种信息通信手段在郊区县、乡镇、村等地全覆盖，进一步助力电商产业的顺利推进。在基础条件上，改善偏远农村交通路状，加强道路方面的建设，化解电商物流的运输难题。

③构建新产业质量保障机制。提升农产品标准化，保障农商产业的长远发展，在互联网的大数据机遇之下，产品质量保障是乡村产业振兴的基础。因此要制定农业标准和规范，实现各类产品标准化，使农业电子商务得以顺利开展。

（2）推进新业态的发展。加强农商互联，密切产销衔接，发展农超、农社、农企、农校等产销对接的新型流通业态。具体举措如下：

①培养农户发展新业态的思维。提高普通农户了解农业生产的各类新型流通业态的相关知识，从而促进各类生产主体接受或认同相关服务，有利于新型流通业态在农村的顺利推进。

②提高新业态的扶持力度。政府和有关部门应采取财政扶持、税收减免、信贷支持等措施支持产销对接的新型流通业态的发展，从提供政策支持和规范政策执行情况入手，清理复杂、缺乏实际的审批事项。同时大力发展主体多元、形式多样、竞争充分的社会化服务，促进农村新业态的发展，帮助其进一步壮大，以更好地适应新形势下“三农”的发展需求。

4. 打造新载体新模式

（1）打造新载体。依托现代农业产业园、农村产业融合发展示范园，打造农村产业融合发展的平台载体。具体举措如下：

①发展新载体的政策措施有力，政府积极性高，在用地保障、财政扶持、金融服务、科技创新应用、人才支撑等方面有明确举措。②建设主体清晰、管理方式创新的模式，搭建政府引导、市场主导的建设格局。积极在各种产业园区、农业循环经济试点、田园综合体建设用地保障机制等方面作出探索，为农村产业融合发展的平台载体提供保障条件。

（2）打造新模式。推进农业内部融合、延伸农业产业链、拓展农业各种功能发展的多模式融合举措。培养多模式融合发展的人才队伍。交叉、融合的发展模式需要加快并举地培养复合型人才。

（四）乡村产业振兴发展有哪些主体？如何发挥好这些主体作用

1. 小农户

小农户大量且长期存在仍是我国的基本农情，才能更好地发展现代农业，实施乡村产业振兴。

（1）不仅要对小农户不抛弃、不放弃，还要积极引导小农户向现代化农业靠拢，加大强农、惠农、富农政策力度。

（2）政策倾斜的同时还要有财政支持，加大财政向农业农村倾斜力度，有效解决小农户贷款难题。

2. 农民专业合作社

大力发展农民专业合作社，有利于推动城乡一体化进程及农村规模化、集约化经营。

（1）要完善利益联结机制。形成以龙头企业引领、农民合作社和家庭农场跟进、广大小农户参与的农业产业化联合体，建立起紧密的农企利益共同体。

（2）通过政府贴息的方式给予资金扶持，解决农民专业合作社发挥引领作用，缺少生产资金的困难。

3. 家庭农场

家庭农场是以农户家庭为基本生产经营单位并相对稳定的新型农业经营主体，对促进农民增收致富发挥着积极作用。

（1）创新财政支持方式，保障资金到位，采取以奖代补和贴息等方式支持家庭农场培育发展，鼓励工商社会资本下乡，理顺、简化审批流程，畅通投资渠道。

（2）完善社会化服务体系，鼓励农业科研人员、农技推广人员通过技术培训、定向帮扶等方式加大对家庭农场的扶持力度。

（3）将高质与品牌结合，引导家庭农场积极开展标准化生产的同时增强农产品品牌意识，做大做强自主品牌。

4. 农业龙头企业

农业龙头企业是构建现代乡村产业体系的中坚力量，是带动农民就业增收的重要主体。

（1）提高农业龙头企业创新发展能力。创造“政产学研用”优势资源集聚融合的平台载体，为农业龙头企业创新发展提供技术支撑。同时，将龙头企业、高校、创新主体组合成一个构建创新发展联合体。

（2）提高龙头企业品牌发展能力。引导龙头企业立足地方优势，发展特色产业，推动区域公共品牌建设。最后，提高龙头企业融合发展能力。引导龙头企业立足资源特色，因地制宜发展乡村新型服务业、乡村制造业、乡村休闲旅游业等融合业态，提高产业增值增效空间。

5. 其他主体

工商资本、农业社会化服务组织等其他主体参与进来，促使农村产业链更全更活，村民收入更多元。

（1）推动各主体共同发展。发挥各自优势、各自特长，弥补其他服务主体的不足，共同前进。

（2）拓展服务领域。聚焦粮、棉、油、糖等重要农产品主产区，聚焦生产的关键薄弱环节。以需求为导向，向重要领域聚焦。

（3）强化行业指导。鼓励相关部门、服务主体、行业协会等以县为基础，研究制定符合当地实际的服务标准和服务规范，强化服务过程指导和服务效果评估。

二、《国务院关于促进乡村产业振兴的指导意见》解读

（一）《国务院关于促进乡村产业振兴的指导意见》（以下简称《指导意见》）出台的背景和意义

1. 背景

党的十八大以来，以习近平同志为核心的党中央高度重视乡村振兴。习近平总书记多次围绕乡村振兴发表重要论述，作出重要批示，强调要坚持把解决好“三农”问题作为全党工作的重中之重。随着“三农”工作重心转向全面推进乡村振兴，在“三农”工作新阶段，产业作为推动乡村经济发展的主要动力。近年来，我国农村创新创业环境不断改善，新产业、新业态大量涌现，乡村产业发展取得了积极成效，但也存在产业门类不全、产业链条较短、要素活力不足和质量效益不高等问题，亟须加强引导和扶持。《指导意见》明确乡村产业“抓什么”“怎么抓”等问题，是指导乡村产业发展的领性文件。

2. 意义

《指导意见》指出产业兴旺是乡村振兴的重要基础，是解决农村问题的重要前提。《指导意见》对加快推进乡村产业振兴作出系统部署，对于促进乡村产业振兴高质量发展具有指导意义：①有利于推动乡村产业政策的系统集成，建立健全投入保障机制，强化了乡村产业振兴的政策保障。②有助于加强乡村产业支撑，为全面推进乡村振兴、加快农业农村现代化提供强有力的产业支撑。③确保我国粮食安全的同时，实现一二三产业的互促发展。

（二）《指导意见》的总体要求

1. 指导思想

以习近平新时代中国特色社会主义思想为指导，全面贯彻党的十九大和十九届二中、三中全会精神，牢固树立新发展理念，落实高质量发展要求，坚持农业农村优先发展总方针。以实施乡村振兴战略为总抓手，以农业供给侧结构性改革为主线，围绕农村一二三产业融合发展，与脱贫攻坚有效衔接、与城镇化联动推进，充分挖掘乡村多种功能和价值，聚焦重点产业，聚集资源要素，强化创新引领，突出集群成链，延长产业链，提升价值链。培育发展新动能，加快构建现代农业产业体系、生产体系和经营体系，推动形成城乡融合发展格局，为农业农村现代化奠定坚实基础。

2. 基本原则

《指导意见》明确了加快推进产业振兴的四大原则。

（1）因地制宜、突出特色。因地制宜发展具有当地特色的优势产业，更好地彰显地域特色、承载乡村价值，体现乡土气息。

（2）市场导向、政府支持。充分发挥市场的资源配置作用，盘活农村生产要素；更好地发挥政府主导作用，引导形成以农民为主体、社会广泛参与的多元化乡村产业发展格局。

（3）融合发展、联农带农。加快农业产业链延伸，健全利益联结机制，以当地特色资源为支撑，扩宽农民就业创业渠道，做好农民工就业工作，推动农民工稳定增收。

（4）绿色引领、创新驱动。坚持习近平生态文明思想，践行“绿水青山就是金山银山”的理念，促进农村生产生活方式协调发展，助推绿色农业高质量发展。

3. 目标任务

《指导意见》提出了产业振兴的发展目标，即力争用5~10年时间，农村一二三产业融合发展增加值占县域生产总值的比重实现较大幅度提高，乡村产业振兴取得重要进展。乡村产业体系健全完备，农业供给侧结构性改革成效明显，绿色发展模式更加成熟，乡村就业结构更加优化，农民增收渠道持续拓宽，产业扶贫作用进一步凸显。

（三）培育壮大乡村产业的重点方向

1. 做强现代种养业

现代种养就是打破常规种植、养殖。在一定基础上，提高经济收入的适应性做法，是指科学种植、养殖，了解自己土地的土壤土质情况，适当播种，科学、信息化管理，增收的新型种植、养殖技术。

（1）创新产业组织方式，发挥政府在产业组织方式中的推动作用，通过有效的激励机制和各种政策工具使其积极加入进来，推动种养业向规模化、集约化、品牌化、标准化发展，延伸产业链，增加绿色农产品供给，提升农产品收益。

（2）着力建设高标准农田，巩固提升粮食产能，全面落实永久基本农田制度，加快划定粮食生产功能区和重要农产品生产保护区是关键。

（3）从动物疾病防控下手，实现生产形势平稳，市场供应有保障，防止人畜共患。

（4）注重发展经济林和林下经济，加强对林业林地资源的综合利用，推动林业产业的生态、良性发展。

2. 做精乡土特色产业

乡土特色产业发展对于提升农业的综合效益有重要意义。

（1）发展乡村特色产业要有融合跨界的思维，通过挖掘、整理，把优秀文化运用到产业振兴过程中，针对性、特色性、多样性地发展高质量乡村特色产业。集中力量打造一批特色农产品生产优势区和产业发展基地示范样板，满足广大农村居民农业多元化、个性化、品质化的需求。

（2）抓住主产区和特色农产品优势区，根据不同功能区定位，提升农产品加工业聚集效应，推动产业差异化协同发展。支持建成一批优势特色产业集群，引导地方发展小而精、精而美的乡土特色产业，打造一批乡土产业乡（镇）、村，培育乡土特色品牌。

3. 提升农产品加工流通业

（1）支持粮食主产区和特色农产品优势区发展农产品加工业，提高特色农产品附加值，使农业资源优势充分发挥、农产品实现增值。

（2）统筹农产品产地、集散地、销售地等批发市场建设，加强农产品物流骨干网络和冷链物流的建设。产地农产品批发市场不仅具有集散货物、交易商品、价格形成的信息集散等传统功能，而且是促进农产品一体化经营的重要举措。农业物流贯穿于农业生产和经济活动的始终，是农业经济的事物运行状态，加强农产品加工流通建设，有助于规范农产品物流秩序、降低流通成本，提高流通效益，是促进农业科技进步的有效手段。

4. 优化乡村休闲旅游业

乡村休闲旅游业是乡村产业的重要组成部分，是发展乡村旅游的主体力量，是推进乡村振兴战略实施的有效途径。

（1）实施休闲农业和乡村旅游精品工程，筹划建设一批功能多样、设备完善的休闲观光区、农业科技园，推动休闲农业提档升级高质量发展。

（2）通过人力、资金等的支持，全力打造休闲乡村、乡村旅游重点村，建设一批休闲农业示范县，助力通过发展乡村旅游业实现致富振兴。

5. 培育乡村新型服务业

（1）要加大政策扶持力度，在原有基础上进一步整合相关项目与资源投向。

（2）是培育多元化的服务组织，以此来推动农业农村发展。推动农村生活服务，创建新模式，健全生活服务体系，切实增强农民幸福感。

6. 发展乡村信息产业

深入推进“互联网 +”现代农业。将农业与网络技术相结合，研究现代农业“互联网 +”的重大共性关键技术，构建农业资源共享服务平台、电子商务平台等，提高网络信息服务水平。

（四）产业振兴的路径

1. 科学布局优化乡村发展产业空间结构

（1）强化县域统筹。①根据各农村产业业态实际条件进行空间规划布局，严格落实“一户一宅”，引导农村宅基地集中布局。②强化县域综合服务能力，把乡镇建成服务农民的区域中心，统筹布局村基础设施、公益事业设施和公共设施，促进设施共建共享，提高资源利用节约、集约水平。

（2）推进镇域产业聚集，通过引导优秀企业下沉，发挥特色小镇的辐射带动作用，推进镇域产业聚集，形成规模，拉动就业，实现双赢共享。

（3）促进镇村联动发展，优化村镇资源，人口合理流动和配置，使基础设施、产业体系和公共服务一体化发展。

（4）支持贫困地区产业发展，中央要对贫困地区进行重点帮扶，在贫困地区探索实行农机推广员、科技人员“县管乡用、下沉到村”。

2. 促进产业融合发展，增强乡村产业聚合力

（1）发掘新功能，培育融合主体。挖掘农产品价值，建设特色农产品优势区培育多元融合主体，把培育新型经营主体作为推动农村产业融合发展的重要抓手，通过规划引领、补贴奖励、搭建平台等方式，营造良好环境，推动农村产业深入融合发展。坚持以市场为导向，激发各地培育出一批带动作用突出、产业功能互补、综合竞争力强的农业产业融合主体，培育多元农村产业融合主体，促进产业高质量发展。

（2）发展多类型融合业态，推进规模种植与林、牧、渔业融合，推进农业与加工流通业融合，推进农业与信息产业融合，聚焦农业、生产两个方面，跨界配置农业和现代产业要素，积极探索产业融合模式，催生新业态。

（3）打造产业融合载体，如现代农业产业园和科技园等，实现一二三产业全面发展的同时也是新技术、新业态的展示窗口。要发挥好其推广功能，对非综合体的产业发展起到示范带动作用。

（4）构建利益联结机制，规范合同、加强监管的同时积极培育利益联结主体，以此加强农民组织化程度，减少农业生产经营风险。

3. 以质量兴农绿色兴农，增强乡村产业持续增长力

（1）发展乡村绿色产业，健全绿色质量标准体系。围绕有机绿色产业发展理念，坚持发展有机产业、打造绿色品牌，按照“提质增效、结构调整、品牌带动”的发展思路，全力打造有机绿色农业。同时加快农业质量标准的制定和修订，加强农业标准化技术研究开发工作，加强国际合作交流，采用国际标准和国外先进标准，缩短与国际先进水平的差距，提升国际绿色竞争力。

（2）大力推进标准化生产。一方面，要充分挖掘自然资源，重点发展优势农产品，建设绿色食品标准化生产基地。另一方面，要坚持建设资金的多元投入，建立以政府投入为主、基地农户投入为主体、龙头企业和社会投入为辅的多元化投入机制。

（3）培育提升农业品牌。①对农业品牌建设加大扶持力度，安排专项资金奖补新型农业经营主体申报各类品牌认定、展示展销。②对品牌发展工作进行统筹规划，抓好展会宣传，提升农产品知名度和影响力。

（4）强化资源保护利用。加大自然资源保护力度的同时还要强化自然资源的集约利用，促进农业发展向绿色转型。

4. 以创新创业增强乡村产业发展新动能

改变过去乡村产业主要靠人力、地力等传统生产要素发展的局面，更多依靠科技创新，培育创新主体。

（1）强化科技创新引领。①加大科技资金、要素投入，加强创新平台建设和科技成果转化。②加大人才培养力度。攻克关键核心技术离不开人才支撑，要构建培养人才体系。

（2）促进农村创新创业。聚焦农业农村创业创新工作，给予政策支持，积极培育主体，搭建好创新创业平台，鼓励和支持返乡下乡人员创业创新，并发挥好农村创业创新典型示范带动作用，打造更多更好的农村创业创新先进典型。

（五）《指导意见》推进乡村产业振兴上的政策创新

为优化乡村产业发展环境，推动乡村产业振兴，夯实制度基础，《指导意见》提出：

（1）在资金保障上，提出了要健全财政投入机制，加强一般国家公共预算投入的同时多渠道筹集资金。一方面，可以采用市场化的方式，设立乡村产业发展基金，吸引社会资金投入。另一方面，创新乡村金融服务来加大对乡村产业项目融资担保力度，优化营商环境，有序引导工商资本下乡。

（2）在用地保障上，提出要推动制定、修订相关法律法规，完善配套制度，开展农村集体经营性建设用地入市改革，增加乡村产业用地供给。

（3）在人才保障机制上，树立“授人以鱼不如授人以渔”的理念，加大政策倾斜的同时也要加大农民技能培训。

三、《全国乡村产业发展规划（2020—2025年）》解读

（一）《全国乡村产业发展规划（2020—2025年）》（以下简称《规划》）出台的背景和意义

1. 背景

乡村振兴，产业兴旺是基础，是解决“三农”问题的前提。产业振兴是乡村振兴的首要任务。这一论断深刻地阐述了乡村产业的重要性，也为乡村发展指明了方向。近年来，农村创新创业环境不断改善，新产业、新业态大量涌现，乡村产业发展取得了积极成效，农村创新创业热潮兴起，标志着城乡格局在发生新的变化，同时产业发展也存在产业链条较短、融合层次较低、要素活力不足等问题，亟待加强引导、加快发展。必须牢牢抓住机遇，顺势而为，乘势而上，加快发展乡村产业，促进乡村全面振兴。《规划》提出，要发掘乡村功能价值，强化创新引领，突出集群成链，培育发展新动能，聚集资源要素，加快发展乡村产业，为农业农村现代化和乡村全面振兴奠定坚实基础。

2. 意义

当前，我国即将全面建成小康社会，开启全面建设社会主义现代化国家新征程，发展乡村产业意义重大。

（1）发展乡村产业是乡村全面振兴的重要根基。要聚集更多资源要素，发掘更多功能

价值，丰富更多业态类型，形成城乡要素顺畅流动、产业优势互补、市场有效对接格局，乡村振兴的基础才牢固。

（2）发展乡村产业是巩固提升全面小康成果的重要支撑。全面建成小康社会后，在迈向基本实现社会主义现代化的新征程中，农村仍是重点和难点。发展乡村产业，让更多的农民就地就近就业，把产业链增值收益更多地留给农民，农村全面小康社会和脱贫攻坚成果的巩固才有基础、提升才有空间。

（3）发展乡村产业是推进农业农村现代化的重要引擎。农业农村现代化不仅是技术装备提升和组织方式的创新，更体现在构建完备的现代农业产业体系、生产体系、经营体系上。发展乡村产业，将现代工业标准理念和服务业人本理念引入农业农村，推进农业规模化、标准化、集约化，纵向延长产业链条，横向拓展产业形态，助力农业强、农村美、农民富。

（二）《规划》的总体要求

1. 指导思想

以习近平新时代中国特色社会主义思想为指导，全面贯彻党的十九大和十九届二中、三中、四中全会精神。坚持农业农村优先发展，以实施乡村振兴战略为总抓手，以一二三产业融合发展为路径，发掘乡村功能价值，强化创新引领，突出集群成链，延长产业链，提升价值链，培育发展新动能，聚焦重点产业，聚集资源要素，大力发展乡村产业，为农业农村现代化和乡村全面振兴奠定坚实基础。

2. 基本原则

（1）坚持立农为农。坚持农民的主体地位，引导更多资源要素向乡村集聚，贯通产加销服、融合农文旅教，提升乡村产业前景和发展空间。

（2）坚持市场导向。充分尊重市场规律，发挥市场在配置资源中的基础性作用。

（3）坚持融合发展。走产业融合发展之路，推动农业与第二、第三产业、城镇与乡村联动发展，大力拓展农村经济发展空间。

（4）坚持绿色引领。以绿色发展为引领，坚持人与自然和谐共生，推动乡村自然资本加快增值，实现百姓富、生态美的统一。

（5）坚持创新驱动。

3. 目标任务

明确到2025年，乡村产业体系健全完备，乡村产业质量效益明显提升，乡村就业结构更加优化，产业融合发展水平显著提高，农民增收渠道持续拓宽，乡村产业发展内生动力持续增强。

（三）推进产业发展的方法

1. 提升农产品加工业

发展农产品加工业是推进产业振兴的关键一招，可以有效提高农业初级产品的附加值，提高质量，延伸产业链，解决农产品销售难题，增加农民收入，提升农民的获得感和幸福感。

（1）完善产业结构。统筹发展农产品初加工、精深加工和综合利用加工，推进农产品多元化开发、多层次利用、多环节增值。农产品的多元化发展有助于农业产业化进步。

（2）优化空间布局。按照“粮头食尾”“农头工尾”要求，统筹产地、销区和园区布局，形成生产与加工、产品与市场、企业与农户协调发展的格局。

（3）促进产业升级。要加快技术创新，提升装备水平，促进农产品加工业提档升级。企业在发展中对科技的需求不断加大，技术的创新能力不断增强，主体作用日益显现。积极鼓励涉农企业联合农业科研院所、农业技术推广等部门，共同携手开发应用和推广新技术、新工艺、新设备和新产品。

2. 拓展乡村特色产业

（1）构建全产业链。以拓展第二、第三产业为重点，以特色资源增强竞争力，以加工流通延伸产业链，以信息技术打造供应链，以业态丰富提升价值链，促进农业多环节增效、农民多渠道增收。

（2）推进聚集发展。集聚资源、集中力量，建设一批“小而精、特而美”的“一村一品”示范村镇，建设农业产业强镇。提升现代农业产业园，依托资源优势和产业基础，建设优势特色产业集群。培育知名品牌，培育区域公用品牌、企业品牌、产品品牌。

（3）深入推进产业扶贫。将贫困地区的特色优势区聚集一头向企业、一头向市场进行对接。

3. 优化乡村休闲旅游业

（1）聚焦重点区域，建设城市周边乡村休闲旅游区、自然风景区周边乡村休闲旅游区、民俗民族风情乡村休闲旅游区、传统农区乡村休闲旅游景点。

（2）注重品质提升，突出特色化、差异化、多样化打造精品工程，建设休闲农业重点县、美丽休闲乡村、休闲农业园区。

（3）提升服务水平，健全完善公共卫生安全、食品安全、服务规范等标准公共卫生安全、食品安全、服务规范等标准体系，完善水、电、路、通信、网和食宿、休闲、体验、购物、停车、厕所等设施条件，加强从业人员培训。

4. 发展乡村新型服务业

（1）提升生产性服务业，扩大服务领域，开展农技推广、土地托管、代耕代种、烘干收储等农业生产性服务。提高服务水平，引导各类服务主体把服务网点延伸到乡村。

（2）拓展生活性服务业，丰富服务内容，改造提升乡村生活服务业。创新服务方式，推动传统服务业升级改造，为乡村居民提供高效便捷服务。

（3）发展农村电子商务，培育农村电子商务主体，扩大农村电子商务应用，实施“互联网 +”农产品出村进城工程，建设农村电子商务公共服务中心。

5. 推进农业产业化和农村产业融合发展

（1）打造农业产业化升级版，壮大龙头企业队伍；培育农业产业化联合体，扶持一批龙头企业牵头、家庭农场和农民合作社跟进、广大小农户参与的农业产业化联合体。

（2）推进农村产业融合发展，培育多元融合主体，企业主体、农民参与、科研助力、金融支撑的主体融合；发展多类型融合业态，农业与文化、旅游、教育、康养等产业的业态融合；建立健全融合机制，完善利益分配机制，推广“订单收购 + 分红”“农民入股 + 保底收益 + 按股分红”等模式。

6. 推进农村创新创业

（1）培育创业主体。包括返乡创业主体，入乡创业主体和在乡创业主体。

（2）搭建创业平台。建设创新创业典型县，建设农村创新创业园区，建设孵化实训基地。

（3）强化创业指导。建设农村创业导师队伍，包括理论造诣深厚、实践经验丰富的科研人才、政策专家、会计师、设计师、律师等，为农村创业人员提供创业项目、技术要点等指导服务。健全指导服务机制，建立指导服务平台，通过集中授课、案例教学、现场指导等方式，创立“平台 + 导师 + 学员”服务模式。

（4）优化创业环境，培育乡村企业家队伍。为推进这些举措顺利进行，需要加强保障措施，包括加强统筹协调，政策扶持，科技支撑和营造良好氛围。

（四）做好保障措施的具体做法

1. 加强统筹协调

做好关于乡村产业振兴的顶层设计，加强完善服务功能。

2. 加强政策扶持

加快完善土地、资金、人才等要素支撑的政策措施，确保各项政策可落地、可操作、可见效。

3. 强化科技支撑

建立以企业为主体、市场为导向、产学研相结合的技术创新体系，加强创新成果产业化，提升产业核心竞争力。

4. 营造良好氛围

挖掘乡村产业发展鲜活经验，总结推广一批发展模式、典型案例和先进人物。弘扬创业精神、工匠精神、企业家精神，激发崇尚创新、勇于创业的热情。充分运用传统媒体和新媒体，解读产业政策、宣传做法经验、推广典型模式，引导全社会共同关注、协力支持，营造良好发展氛围。

四、《关于深入开展政府采购脱贫地区农副产品工作推进乡村产业振兴的实施意见》解读

（一）《关于深入开展政府采购脱贫地区农副产品工作推进乡村产业振兴的实施意见》（以下简称《实施意见》）出台的背景

乡村振兴时期，应该继续坚持推进政府采购脱贫地区农副产品，助力相关地区实现乡村振兴。在此背景下，为贯彻党中央、国务院关于调整优化政府采购政策继续支持脱贫地区产

业发展的工作部署，落实财政部、农业农村部、国家乡村振兴局《关于运用政府采购政策支持乡村产业振兴的通知》，深入开展政府采购脱贫地区农副产品工作，推进乡村产业振兴，财政部、农业农村部、国家乡村振兴局、中华全国供销合作总社联合出台了《关于深入开展政府采购脱贫地区农副产品工作推进乡村产业振兴的实施意见》（以下简称《实施意见》）。《实施意见》明确了政府采购脱贫地区农副产品工作的总体要求、相关意见以及保障措施。

（二）《实施意见》的总体要求

1. 指导思想

《实施意见》明确了以习近平新时代中国特色社会主义思想为指导，全面贯彻党的十九大和十九届二中、三中、四中、五中全会精神，牢固树立新发展理念，落实党中央、国务院关于实现巩固拓展脱贫攻坚成果同乡村振兴有效衔接总体部署和“四个不摘”工作要求。继续实施政府采购脱贫地区农副产品工作，突出产业提升和机制创新，进一步激发全社会参与积极性，接续推进脱贫地区产业发展，促进农民群众持续增收，助力巩固拓展脱贫攻坚成果和乡村振兴。

2. 基本原则

《实施意见》指出了加快推进产业振兴的三大原则。一是聚焦重点，精准施策；二是创新驱动，融合发展；三是政府引导，市场协同。

3. 目标任务

明确了力争用3~5年时间，依托脱贫地区农副产品网络销售平台（以下简称“832平台”），实现预算单位食堂食材采购与脱贫地区农副产品供给有效对接，培育壮大乡村特色产业，探索形成适应不同区域特点、组织形式和发展阶段的脱贫地区农副产品产销模式。推动脱贫地区农副产品进一步融入全国大市场，为巩固拓展脱贫攻坚成果同乡村振兴有效衔接提供有力支撑。

（三）开展政府采购脱贫地区农副产品工作

1. 加强脱贫地区农副产品产销对接

（1）要加强脱贫地区农副产品货源组织。①将政策支持范围聚焦在脱贫地区，通过预留份额、搭建平台等方式促进脱贫地区农副产品销售，带动脱贫人口稳定增收。②建立“832平台”供应商审核推荐机制，积极推荐脱贫县产业带动能力强、增收效果好的农副产品供应商入驻“832平台”，并做好对接及入驻工作。③要加强自控自检，协调有关部门按照国家农产品和食品质量安全标准对平台在售产品开展质量安全检测，推动实现“832平台”农副产品带证销售和品质可追溯。

（2）组织预算单位，各省级财政部门应当在“832平台”采购人管理系统中对本级所属预算单位的预留份额进行确认汇总，并组织市级、县级财政部门对本级所属预算单位预留份额进行确认汇总。各级预算单位应当按照有关规定及时签订合同并支付货款，不得拖欠。未完成支付或者通过“832平台”以外其他渠道采购的，不计入本单位年度采购总额。

2. 加强网络销售平台运营管理

（1）优化平台运营模式，“832 平台”着力完善平台服务功能，优化服务模式及流程，提升用户体验。供销流程上除了推出“农户 + 合作社 + 平台”的产销对接模式，还通过开设助销专区、发布滞销信息等方式，拓宽了农副产品流通和销售渠道，带动贫困群众增收脱贫，为决战决胜脱贫攻坚战作出了积极的贡献。

（2）严格供应商管理，加强平台商品品质与价格优势管控。实施不定期商品抽查，采购单位共同参与监督、举报投诉等方式严格核查质价问题，并对核查发现问题的商品或供应商进行商品下架、冻结店铺且予以公示批评等严肃处理。

（3）提升平台服务能力。“832 平台”减少收取交易费、平台使用费并且编制操作手册，提升平台便捷性、高效性的同时，切实做好交易信息统计工作，为各级预算单位和各有关部门管理保驾护航。

第二节　乡村产业振兴之云南政策

一、《关于支持返乡下乡人员创业创新促进农村一二三产业融合发展的实施意见》解读

（一）《关于支持返乡下乡人员创业创新促进农村一二三产业融合发展的实施意见》（以下简称《实施意见》）出台的背景以及意义

1. 背景

云南省认真贯彻落实《国务院办公厅关于支持返乡下乡人员创业创新促进农村一二三产业融合发展的意见》精神，深入推进农业供给侧结构性改革，鼓励和支持返乡下乡人员创业创新，进一步细化和完善扶持政策措施，培育农业农村发展新动能，促进农村一二三产业融合发展，结合自身发展实际情况，制定了《云南省人民政府办公厅关于支持返乡下乡人员创业创新促进农村一二三产业融合发展的实施意见》（以下简称《实施意见》）。

2. 意义

《实施意见》的出台，对于云南省的农村发展具有重要意义。

（1）有利于缓解城市就业压力。在当前中国快速城市化的进程中，城市不能为所有人提供良好的就业环境与收入条件，越来越多农民工、中高等毕业生、退伍军人、农业科技人

才等社会各界人士选择返乡下乡创业。云南省委、省政府发布的《实施意见》为返乡下乡人员创新创业提供了政策指导，可解决部分人员就业问题。

（2）有利于优化农村经营管理思维。高素质人员的回流创业创新，将现代先进的科学技术、生产方式及先进的经营管理理念带回农村地区，有利于提升农业质量效益和竞争力。

（3）有利于对于农村地区发展新产业、新业态、新模式。

（4）有利于激活各类城乡生产资源要素，促进农民就业增收。

（二）返乡下乡人员创业创新的必要性

农村返乡下乡人员是新时期农村创新创业带头人的代表，是推动农业高质量发展的中坚力量，是带动农民致富的农村企业家。越来越多农民工、高校毕业生、退役军人和科技人才参与乡村振兴，为家乡带来了新技术、新理念、新想法，同时也带来了新的市场机会，带动了乡村经济发展，也减轻了城市的就业压力。

（1）农村创新创业日益成为国家创新驱动战略的重要场域，支持返乡下乡人员创新创业，促进农村一二三产业融合是实施国家创新驱动战略的迫切需要。当前时期，产业兴旺是乡村振兴的重点，小农户的创新意识和创新思维是实现产业振兴的重要支撑，亟须培育一批返乡下乡人员创业创新人才带领小农户转变思想，提高现代化经营能力，促进农村高质量发展。

（2）创业创新是乡村振兴的动能，支持返乡下乡人员创业创新促进农村一二三产业融合，有利于促进传统农业与现代农业的“跨界合作”，有利于促进资源要素合理流动，有利于形成创新带创业、创业助就业、就业促增收的良好局面。

（3）推进全面乡村振兴，发展新兴产业和新业态是推进乡村振兴的基本思路。返乡下乡人才是激活农村创新创业的“活细胞”，激励返乡下乡人才参与农业对一二三产业融合意义重大。

（三）云南省返乡下乡人员创业创新现状

近年来，云南省委、省政府高度重视产业振兴工作，出台了很多政策法规包括《云南省支持返乡下乡人员创业创新促进农村一二三产业融合发展的意见》，农村返乡下乡人员受到广泛的关注。农村双创环境持续改善，广袤的乡村正在成为返乡入乡创业创新的热土，农业农村创业创新带头人规模不断扩大、创业层次明显、乡土特色愈加鲜明、科技水平不断提升、带领农民增收致富能力逐步增强。然而，从基层实践情况来看，云南省返乡下乡创业创新成效与东部发达省区有较大差距，返乡入乡遭遇瓶颈，返乡下乡人员创业创新困难。

1. 创业项目难落地

云南省是典型的高原山区，各市（县）域间地貌差异较大，存在创业项目可复制程度低、难迁移的情况。一些当地具有代表性的、效果较好的农村创业项目由于地形、地貌、自然条件的不同，难以大规模推广，项目难以实施，造成农业资源浪费。

2. 创业项目选择困难

云南农村地区发展不均衡不充分问题较为突出，常常陷入“有资源的地方没资金、没资源的地方难发展、能发展的地方缺项目、有项目的地方缺资源”的尴尬境地。大多数创业者想创业，但是由于缺信息、缺技术、找不到服务机构等，也就不了了之了。

3. 创业用地难“拿”

很多创业项目需要一定的建设用地，但是获得建设用地的成本高，审批困难、烦琐等问题导致项目创业项目错过最佳投资期。

4. 创业资金难保障

针对农业农村创新带头人的金融政策不完善，带头人贷款融资渠道不畅通，创业资金难筹，创业者靠自有资金捉襟见肘。

（四）支持返乡下乡人员创业创新促进农村一二三产业融合发展的做法

基于以上论述，《实施意见》提出了解决办法共分为三部分，主要明确了“突出重点领域、丰富创业创新方式、推进农村产业融合”三个重点领域和发展方向。

1. 突出重点领域

鼓励和引导返乡下乡人员结合自身优势和特长，根据市场需求和当地资源禀赋，利用新理念、新技术和新渠道，开发农业农村资源，发展优势特色产业，繁荣农村经济。重点发展规模种养业、特色农业、设施农业、林下经济、庭院经济等农业生产经营模式，烘干、贮藏、保鲜、净化、分等分级、包装等农产品加工业，农资配送、耕地修复治理、病虫害防治、农机作业服务、农产品流通、农业废弃物处理、农业信息咨询等生产性服务业，休闲农业和乡村旅游、民族风情旅游、传统手工艺、文化创意、养生养老、中央厨房、农村绿化美化、农村物业管理等生活性服务业，以及其他新产业、新业态、新模式。

2. 丰富创业创新方式

鼓励和引导返乡下乡人员按照法律法规和政策规定，通过承包、租赁、入股、合作等多种形式，创办领办家庭农场林场、农民合作社、农业企业、农业社会化服务组织等新型农业经营主体。通过聘用管理技术人才组建创业团队，与其他经营主体合作组建现代企业、企业集团或产业联盟，共同开辟创业空间。通过发展农村电商平台，利用互联网思维和技术，实施“互联网 +”现代农业行动，开展网上创业。通过发展合作制、股份合作制、股份制等形式，培育产权清晰、利益共享、机制灵活的创业创新共同体。

3. 鼓励和引导返乡下乡人员

鼓励和引导返乡下乡人员按照全产业链、全价值链的现代产业组织方式开展创业创新，建立合理稳定的利益联结机制，推进农村一二三产业融合发展，让农民分享第二、第三产业增值收益。以农牧（农林、农渔）结合、循环发展为导向，发展优质高效绿色农业。实行产加销一体化运作，延长农业产业链条。推进农业与旅游、教育、文化、健康养老等产业深度融合，提升农业价值链。引导返乡下乡人员创业创新向特色小城镇和产业园区等集中，培育产业集群和产业融合先导区。

二、《关于推进现代农业产业园建设的指导意见》解读

（一）《关于推进现代农业产业园建设的指导意见》（以下简称《意见》）出台的背景

2017年中央一号文件明确提出，“以规模化种养基地为基础，依托农业产业化龙头企业带动，聚集现代生产要素，建设‘生产+加工+科技’的现代农业产业园”。同年，农业部、财政部印发了《关于开展国家现代农业产业园创建工作的通知》，明确指出：“国家现代农业产业园是在规模化种养基础上，通过‘生产+加工+科技’，聚集现代生产要素，创新体制机制，形成了明确的地理界限和一定的区域范围，建设水平比较领先的现代农业发展平台。”

（二）建设国家现代农业产业园的意义

现代农业园区是促进现代农业发展实施乡村振兴战略的重要载体和重要抓手。按照中共中央、国务院农业农村工作会议要求和中央、省一号文件精神，为突出现代农业产业园产业融合、农户带动、技术集成、就业增收等功能作用，引领农业供给侧结构性改革，加快推进农业农村现代化，加快现代农业园区建设步伐，提升园区建设水平。

（1）通过建设国家现代农业产业园，能够为引领农业供给侧结构性改革搭建新平台。

（2）能够为农业农村经济发展提供新动能创造新经验。

（3）能够为探索农民持续增收机制开辟新途径。

（4）能够为推进农业现代化建设提供新载体。

（三）《意见》的总体要求

总体部署：《意见》提出，要通过推动规模种养、加工转化、商贸物流、品牌营销、科技创新等协同发展打造“大产业”；要通过吸引现代要素向产业园内集聚，全面激活市场、激活主体、激活要素培育“新主体”；要通过政策倾斜、改革创新和提升管理服务建设“新平台”。

1. 目标任务

从2017年开始，按照“一年有起色、两年见成效、四年成体系”的总体安排，坚持提升与新建相结合。到2020年，全省建成覆盖不同产业类型、不同地域特色、不同发展层次的现代农业产业园。

2. 工作原则

①以农为本、“三产”联动。②政府引导、主体推动。③产业聚集、创新驱动。④绿色发展、生态促动。⑤共建共享、开放带动。

（四）推动现代农业产业园的发展工作重点

现代农业产业园类型众多、特色不一、构成多样。《意见》坚持现代农业产业园功能定位，针对区域实际情况，要求园区发展需适度规模经营、拓展园区功能、提升创新能力、发展新型农村合作经济、加强用地保障、培育实用人才、加强资金扶持和金融支持。

1. 适度规模经营

大力培育新型农业经营主体，加快建立完善农村产权流转交易市场和农村土地承包经营纠纷调处机制，盘活产业园中各类资产。加强工商资本租赁、农地监管和风险防范，切实维护农民合法利益。

2. 拓展园区功能

加强现代农业产业园公共基础设施建设，为企业入园创造良好环境。加快发展连锁专卖、直供直销及电子商务平台等现代农产品流通业态，推进农产品产销对接。延伸产业链条，开展直销配送、电子商务等多种经营形式，以建立稳定的农产品市场销售渠道。注重挖掘观光、休闲、旅游、采摘等多种农业业态延伸。

3. 提升创新能

畅通科技资源进入产业园的通道，加快产业园信息化建设步伐。开展先进适用技术培训，提高科技创新与研究成果推广实践应用能力。推进农业标准化生产，打造带动优势特色产业发展的商标、品牌。同时，加强与农业科研院校合作，共建产学研、农科教一体化的推广体系。

4. 发展新型农村合作经济

每个现代农业产业园要依托入园农业龙头企业、家庭农场、种养大户等，大力发展新型农村合作经济。建立农户与合作社、合作社与龙头企业之间的紧密利益联结机制。按照“资产变股权、农户有股份、农民得权益”的思路，推进产业园股份合作。

5. 加强用地保障

鼓励农村集体经济组织、新型经营主体及农户以土地承包经营权入股，参与产业园建设和经营。新增建设用地计划优先保障产业园建设需求、城乡建设用地增减挂钩等用地指标优先安排产业园建设。允许产业园将整理后的新增土地按一定比例用作折抵建设占用耕地的占补平衡。鼓励农村集体经济组织把闲置宅基地、集体建设用地用于现代农业产业园建设。严格控制设施农用地范围，产地初加工、田间冷链仓库、农机存放库棚、烘干设施用地符合有关设施农用地管理规定的，可纳入设施用地范围。

6. 培育和引进实用人才

加大对产业园经营主体、从业人员的生产经营管理和市场营销业务培训，把产业园打造成为实训基地。允许和鼓励科技人员通过承包、以科技成果参股等形式参与产业园建设与管理。鼓励、吸引大学生和返乡农民工到产业园自主创业和就业，到产业园创业的高校毕业生可享受国家及地方创业优惠政策。

7. 加强资金扶持和金融支持

各级财政支农资金优先向产业园集中安排，基本建设项目优先向产业园集中布局。完善财政扶持机制，支持产业园标准化生产基地建设、服务产业园的农产品加工基地和物流配送中心建设。积极探索财政农业发展资金用于贷款贴息，发挥财政资金杠杆作用。用好高原特色现代农业产业基金，加大对省级产业园的投资合作力度。鼓励金融机构积极开展农村金融产品和服务方式创新。支持银行金融机构切实加强与省级农业信贷担保公司等中介机构的合作，有效解决产业园企业融资难问题。加大农业保险产品的开发和推广力度。

三、《关于加快乡村产业发展促进农民就业的实施意见》解读

（一）《关于加快乡村产业发展促进农民就业的实施意见》（以下简称《意见》）出台的背景

发展产业是巩固脱贫成果的根本之策，乡村产业振兴是促进乡村全面振兴的根本所在。以习近平同志为核心的党中央高度重视乡村产业振兴，反复强调产业兴旺是解决农村一切问题的前提，要紧紧围绕发展现代农业，围绕农村一二三产业融合发展，构建乡村产业体系，实现产业兴旺。为抓产业、促就业，构建稳定的政策措施，云南省出台了《意见》，紧紧围绕发展乡村产业促进农民就业、助力农民持续稳定增收这个目标，重点解决发展什么乡村产业、怎么发展乡村产业促就业、怎么保障发展乡村产业促就业三个方面的问题作出全面部署。

（二）《意见》的总体要求

1. 指导思想

《意见》强调要以习近平新时代中国特色社会主义思想为指导，坚持“两型三化”产业发展方向。以农业农村资源为依托，以农民为主体，以农村一二三产业融合发展为路径，把依托农业农村资源发展的第二、第三产业尽量留在农村，把产业链延伸的增值收益和就业创业机会尽量留给农民，为巩固脱贫攻坚成果和促进乡村全面振兴奠定坚实基础。

2. 目标任务

《意见》着眼于巩固脱贫攻坚成果、实施乡村振兴战略这个长期任务，充分考虑云南省农业农村发展基础和正在实施的一些重大工作，加快乡村产业发展，实现劳动力有效转移，做到农民持续增收。到 2020 年，打造世界一流“绿色食品牌”取得积极进展，农林牧渔业增加值达到 2800 亿元以上，农村劳动力转移就业率达到 60%，农村常住居民人均可支配收入达到 13000 元以上。到 2025 年，高原特色现代农业产业、生产、经营体系初步构建，农村一二三产业融合发展格局初步形成，农民就业质量显著提升，农村常住居民人均可支配收入达到全国平均水平。

（三）加快乡村产业发展促进农民就业的重点领域

云南省地处高海拔低纬度，生物资源丰富、生态环境优良、民族风情独特，发展乡村产业要走特色优质高效和融合发展的路子。《意见》提出了特色种养业、农产品加工业、林业产业、农村劳务产业、乡村休闲旅游业、民族特色手工业、农村电商产业、乡村新型服务业八类重点发展乡村产业。

1. 做大做强特色种养业

2021年，中共中央农业农村部出台了《关于推动脱贫地区特色产业可持续发展的指导意见》，提出发展特色产业是我国实现脱贫攻坚的根本，也是乡村振兴的物质基础。要通过规划相关脱贫地区的产业发展规划，引进企业，协同共建标准化生产基地，提升农产品加工业，加强农产品流通设施建设，拓展农业功能价值，打造知名产品品牌及推动产业园区化发展等促进特色种养业提升。这同云南省《意见》中特色种养业的发展不谋而合。对于云南省来说，实现脱贫攻坚同乡村振兴有效衔接，其中的一个重点就是要发展壮大特色产业。云南省在这过程中，不断结合自身实际，以促进农民就地就业为主要目标，从云南省八大产业：茶叶产业、蔬菜产业、中药材产业、肉牛产业、坚果产业等出发，提出要着力构建“8+N”的农业产业体系。到2020年，高质量建设20个“一县一业”示范县、20个“一县一业”特色县和3000个以上“一村一品”专业村。不断加快产业发展，扩大农民的就业增收渠道。

2. 提升农产品加工业

2018年，农业部出台《农业部关于实施农产品加工业提升行动的通知》提出农产品加工业是联结工农、沟通城乡、亦工亦农及为耕者谋利、为食者造福的重要民生产业，对于促进农民持续稳定增收具有重要意义。同年，云南省出台了《云南省人民政府办公厅关于促进农产品加工业跨越发展的实施意见》指出：大力发展农产品加工业是破解云南省农产品供给侧结构性矛盾的有效路径，是打造云南省世界一流“绿色食品牌”的重要抓手，实施乡村振兴战略的重点任务。而在《意见》中，提升农产品加工业再次被提出，这可以看出发展农产品加工业对于农村产业发展的重要性，提升农产品加工业在一定程度上能够充分延长农业产业链条，增加农民就业渠道，提升农民收入，助力云南乡村产业振兴。因此，为持续推进云南省乡村产业发展，促进农民就业，云南省提出持续深入实施绿色食品加工业三年行动计划，集中力量，整合资源，打造县域农产品加工产业集群。积极鼓励支持农民合作社和农户结合自身实际发展现状，改善储藏、保鲜、烘干、清选分级、包装等设施装备条件。同时善于引导相关企业和农民专业合作社、农户联合建设原料基地、初加工车间发展主食加工业等，在发展自身经济的同时就地解决本地劳动力就业问题，为农民提供就业岗位，提高经济收入。

3. 大力发展林业产业

云南省是全国植物种类最多的省份，有着“植物王国”的美誉，全省森林面积为2392.65万公顷，森林覆盖率为65%，森林蓄积量为20.20亿立方米。全省植物类型多样，优良、速生、珍贵树种多，具有较高价值。云南省的林业用地中一半为商品林，按照分类经营管理原则，以及云南省区域位置和自身经济发展状况来说，云南省林业肩负着保障生态安全与发展地区经济、增加农民收入双重任务。因此，充分挖掘云南省林业价值，对于云南省来说具有重要的意义。而《意见》提出大力发展林业产业，就是基于对于云南省林业的地位提出的有针对性的产业发展意见，对于云南省来说，加快“林业 + 产业”融合发展，推广林果、林禽等立体开发模式以及发展特色经济林是从云南省自身实际具有的资源出发，因地制宜。提出推进竹编、竹筷、桉叶油等林产品初级加工，发展人造板、竹浆造纸、松香松节油、木竹地板、木竹家具等精深加工更是从现有的农村发展实际状况出发，从现有劳动力的技能素质考虑。在农村地区主要开展原材料初加工，以及一定程度上的精深加工，延长产业链，提升产品价值，解决劳动力就业及收入瓶颈。

4. 壮大农村劳务产业

随着现代经济的发展，农村经济开始加速发展，原有的小农经济随着经济的发展开始显弱，越来越多的农民选择流转土地，外出务工。因此从现实情况上来说，云南农村地区的富余劳动力在逐年增加，如何将这部分积压劳动力转移出去，提升群众收入，成为云南省各级部门需要思考的问题。脱贫攻坚期间，农村劳动力转移就已经成为实现农民脱贫增收的关键因素，多数贫困户正是通过外出就业实现了自身脱贫。新发展时期，乡村振兴战略的实施更要持续坚持发展农村劳务产业，通过将农村劳动力转移就业与易地扶贫搬迁，特色小镇、美丽乡村、农村基础设施建设等结合起来，就近就地吸纳部分劳动力。剩余部分通过对外强化劳务协作，向发达地区持续输出劳动力，以解决劳动力就业问题和收入问题。

5. 做精乡村休闲旅游业

乡村休闲旅游是以农业自然资源、农村人文资源和乡村空间环境为依托进行的旅游开发，是现代旅游业向传统农业的延伸。发展乡村旅游业能够整合农村生态资源，农村民俗文化，并转化为经济收入，提升农民收入。同时乡村休闲旅游业能在一定程度上承接因为城乡二元体制发展带来的过剩劳动力资源，带动城乡人口流动，推进城乡和乡城之间人员流动趋于平衡状态，一定程度上能够消解城乡二元对立与分化。乡村振兴阶段，云南省加快农村发展建设，提出做精乡村休闲旅游业，这是云南省基于对自身乡村休闲旅游业充分认识的基础上提出的意见，具有一定的科学性和现实性。云南省推进乡村休闲旅游业，要加快建设美丽县城、美丽乡村、美丽公路、美丽河湖，打造乡村健康生活目的地。围绕省内文化产业经济带进行建设，围绕大滇西旅游环线、沿边跨境旅游经济带、昆玉红旅游文化产业经济带建设，培育一批高 A 级品牌旅游区、旅游小镇和休闲乡村。全面建设 373 个边境小康村。推广“一部手机游云南”，发展乡村旅游线上营销、线下体验。推行“明厨亮灶”工程，打造乡村放心餐饮。通过对乡村休闲旅游业的发展增加就业岗位，缓解就业压力，增加农民收入。

6. 提升民族特色手工业

云南省作为我国少数民族最多的省份之一，拥有丰富的民族文化资源。多数民族地区乡村主要通过发展特色手工业来实现乡村经济、文化和社会之间的全面协调发展，这是目前民族地区新农村建设的重要模式之一，有效地带动了民族地区经济的发展。《意见》提出提升民族特色手工业，这是从云南省民族大省的省情出发提出的具有重要意义的意见，对于民族特色产业的保护和提升少数民族群众收入具有重要意义。提升民族特色手工业主要从以下四点出发：

（1）以东川区、会泽县、个旧市、石屏县等为重点区域，发展斑铜、斑锡、乌铜走银等金属工艺品产业。

（2）以丽江市、香格里拉市、鹤庆县等为重点区域，发展银器及银饰工艺品产业。

（3）以剑川县、腾冲市、开远市等为重点区域，发展木雕根雕产业。

（4）以建水县、华宁县、易门县、香格里拉市、勐海县等为重点区域，发展陶工艺品产业。

在以上四个民族特色手工业基础上，坚持保护和开发并重，稳妥发展景观建筑石、砚台、雕刻等石材产业，同时创新发展民族扎染刺绣产业。多点布局，为民族乡村地区提供就业岗位，增加岗位，提高群众收入。

7. 培育农村电商产业

农村电商作为农村经济发展的一种新模式，为农村经济发展带来新活力，在一定程度上解决了农村农产品销售渠道问题，并为农村大量大学毕业生提供了就业机会；同时农村电商的发展加快了农产品流通，提升了农民收入。据 2019 年云南省市场监督管理局发布的最新数据显示，全省网络市场主体持续增长，私营企业占比超七成，电商产业成为农村发展的新亮点，农村电子商务加速发展。现阶段，云南省农村电商呈现出快速发展态势，物流基础设施等服务体系已在不断健全，云南高原特色农产品畅销全国，农民收入得到有效提升。《意见》中明确提出培育农村电商企业，这是云南省在充分认识农村电商产业的基础上提出的，充分体现出对于农村电商产业发展未来发展趋势的认可。通过加快数字乡村建设，发展“一村一品一店”，推进乡村产品网上销售。鼓励各地区在大型电商平台建设地方特产馆。推广绿色产品电子身份证。推进“信息进村入户”“电子商务进农村”“益农信息社”等工程，建设乡村电子商务服务点，进一步吸引更多人员从事农村电商相关行业，让更多的专业人才主动融入农村电商发展，服务电商。

8. 培育乡村新型服务业

乡村新型服务业不同于传统农村服务业，乡村新型服务业是在乡村传统服务业基础上创新发展起来。其结合现代科学技术，将新技术、新平台、新载体和现代服务理念等，通过多种方式、多个环节融入农业再生产和农村经济社会发展的产业中。聚焦整合多元化资源，推动农业农村发展，具体可以分为生产性服务业、生活性服务业以及综合性公共服务业。云南省在加快乡村产业发展、促进农民就业的过程中，要充分抓好乡村新型服务业。通过购买服务、以奖代补、先服务后补助等方式，支持农业企业、农民合作社等开展农资供应、土地托管、代耕代种、统防统治、烘干收储、技术培训、产品营销等生产性服务。改造农村传统小商业、小门店、小集市等，发展批发零售、养老托幼、环境卫生等生活性服务业，以此促进农村产业发展，提供就业岗位，缓解就业压力，促进农村经济发展。

（四）如何推进乡村产业发展促进农民就业

1. 路径推进方面

多方位持续引导产业发展促就业。

（1）以市场主体培育为载体，提升农民合作社质量，实施家庭农场培育计划。支持供销合作社开展冷链物流、电子商务、普惠金融等服务，引导工商资本到乡村投资兴办农民参与度高、受益面广的产业。

（2）以产业融合发展为手段，推进农村产业融合发展示范园、一二三产业融合发展试点县建设和先导区创建。推进种植业与林、牧、渔业融合，推进农业与加工流通业融合，推进农业与信息产业融合。

（3）以科技创新为引领，围绕优势产业，组建技术团队和工作专班。推进绿色高产创建，推广优质专用品种和节本降耗、循环利用等技术模式。研发推广适宜山坡地、小块地作业的中小型农机装备。抓实抓好产业发展指导员制度和科技特派员制度。

（4）以农民素质提升为前提，加强习近平新时代中国特色社会主义思想、社会主义核心价值观等教育。强化国家通用语言文字培训。依托农业广播电视学校等，开展农业专业中高等职业教育。实施农民终身职业培训和职业技能提升行动，深化新型学徒制培训，推进校企合作。

（5）以特色品牌建设为核心，坚持每年评选“10大名品”和绿色食品“10强企业”“20佳创新企业”。加强绿色食品、有机农产品、农产品地理标志认证管理。加大对鹤庆银匠、剑川木雕匠人、华宁陶匠、昭阳建筑工、临沧家政、云嫂等劳务品牌的宣传推介力度。

2. 政策支持方面

满足多要素需求，保障产业稳步持续发展。

（1）在财税方面，加强一般公共预算投入保障，加强贫困县财政涉农资金整合，创新财政支持方式。鼓励有条件的地区按市场化方式设立乡村产业发展基金，落实农产品初加工和农民合作社税收优惠政策，落实就业补助政策。

（2）在金融方面，推广运用“一部手机云企贷”。规范扶贫小额信贷管理，引导县域金融机构将吸收的存款主要用于当地，重点支持乡村产业。鼓励银行业等金融机构在风险可控的前提下，扩大农业农村贷款抵押物范围。

（3）在用地保障方面，实行差别化用地政策，开展县域乡村闲置集体建设用地、闲置宅基地、村庄空闲地、厂矿废弃地、道路改线废弃地、农业生产与村庄建设复合用地及“四荒地”等土地综合整治，盘活集体经营性建设用地。

（4）在人才保障方面，鼓励实用人才等领办创办企业、合作社等。通过本土人才回引、定向培养、统筹招聘等方式，为每个村培养 1~2 名致富带头人。支持科技人员以成果入股农业企业，健全科研人员校企、院企共建双聘机制，实行股权分红等激励措施。

3. 组织保障方面

协同政策支持，为乡村产业发展、促农民就业提供力量保障。

（1）责任落实方面，各地区各部门要树牢“一切工作都要靠抓落实”的意识，把各项任务抓紧抓好。各个部门，各司其职，层层落实。

（2）县域统筹方面，合理规划乡村产业布局，形成县城、中心镇、中心村分工明确、功能衔接的格局。积极承接东部地区产业转移，发展劳动密集型产业。

（3）利益联结方面，推行“公司 + 合作社 + 农户”等模式，发展订单农业，支持保底价收购、土地入股、资金入股、利润分成、保底分红等合作方式。建立完善农业龙头企业绑定专业合作社、专业合作社绑定农户的“双绑”利益联结机制。

（4）风险防范方面，健全农业保险大灾风险分散机制，建立信息监测机制，加强就业形势研判，做好劳动保障监察，维护农民工合法权益。

（5）基层党建方面，探索在产业相近、地域相邻、资源互补的行政村之间组建联村党委或党总支。鼓励村“两委”班子成员和村级集体经济组织、合作经济组织负责人双向进入、交叉任职。

（执笔人：余雨薇　邵小育　谭鑫）

第四讲　现状之讲

第一节　云南乡村产业振兴现状

一、乡村产业振兴政策体系基本形成

按照2018年中央一号文件的要求，到2020年，乡村振兴要取得重要进展，其政策体系基本形成[①]。从其形成的过程来看：

1. 政策体系是不断完善的

近年来，中央出台了大量政策保障农业产业稳步发展，不断丰富的政策体系全力推进产业振兴的步伐。2018年出台《中共中央　国务院关于实施乡村振兴战略的意见》，指出提升农业发展质量，培育乡村发展新动能；《中共中央　国务院关于打赢脱贫攻坚战三年行动的指导意见》指出加大产业扶贫力度；《乡村振兴战略规划（2018—2022年）》指出发展壮大乡村产业；2019年出台《关于坚持农业农村优先发展做好"三农"工作的若干意见》，也指出发展壮大乡村产业，拓宽农民增收渠道；《关于建立健全城乡融合发展体制机制和政策体系的意见》指出围绕发展现代农业、培育新产业新业态；《国务院关于促进乡村产业振兴的指导意见》指出突出优势特色，培育壮大乡村产业；2020年出台《关于抓好"三农"领域重点工作确保如期实现全面小康的意见》，指出加强现代农业设施建设，发展富民乡村产业；《全国乡村产业发展规划（2020—2025年）》，具体指出提升农产品加工业，拓展乡村特色产业，优化乡村休闲旅游业等；《关于制定国民经济和社会发展第十四个五年规划和二〇三五年远景目标建议》指出加快发展现代产业体系，推动经济体系优化升级；2021年出台《中共中央　国务院关于全面推进乡村振兴加快农业农村现代化的意见》，指出构建现代乡村产业体系；《关于深入开展政府采购脱贫地区农副产品工作推进乡村产业振兴的实施意见》指出加强脱贫地区农副产品产销对接，加强网络销售平台运营管理；《中华人民共和

① 农业现代规划：《乡村振兴战略制度框架和政策体系基本形成》，https:// f.qianzhan.com/xiandainongye/detail/180608-f7bb913b.html，访问日期：2022年1月18日。

国乡村振兴促进法》指出国家完善农村集体产权制度，采取措施优化农业生产力布局等；《支持农业现代化若干财政政策措施》指出支持山地农业产业体系建设。这些政策文件的出台奠定了产业在乡村振兴中的重要地位，也不断地完善了产业发展的政策体系。

在国家政策基础上，云南省结合自身实际，逐步完善云南省产业政策体系推进云南产业振兴。2017 年出台《云南省高原特色现代农业产业发展规划（2016 —2020 年）》明确云南省重点产业的发展规划，出台《云南省人民政府办公厅关于支持返乡下乡人员创业创新促进农村一二三产业融合发展的实施意见》对农村产业融合的推进作出部署，出台《云南省人民政府办公厅关于推进现代农业产业园建设的指导意见》提出云南省要打造“大产业”、培育“新主体”、建设“新平台”的发展模式；2018 年出台《云南省人民政府办公厅关于促进农产品加工业跨越发展的实施意见》提出优化农产品加工业布局，引进培育行业领军企业等；2019 年中共云南省委办公厅、云南省人民政府办公厅印发《关于加快乡村产业发展促进农民就业的实施意见》指出做大做强特色种养业，提升农产品加工业等；2020 年云南省委、省政府印发《关于加快构建现代化产业体系的决定》，提出打造万亿级支柱产业，培育千亿级优势产业等；2021 年出台《云南省“十四五”高原特色现代农业发展规划》提出夯实高原特色现代农业发展基础。各大政策的出台立足于新的时代特征，把握新的发展机遇，深化和丰富云南省产业发展的内涵，结合自身发展现状，进一步完善云南省产业政策。

2. 政策体系是加快构建的

2020 年 7 月 9 日，农业农村部关于印发《全国乡村产业发展规划（2020 —2025 年）》，指出，到 2025 年，乡村产业体系健全完备，乡村产业质量效益明显提升，乡村就业结构更加优化，产业融合发展水平显著提高，农民增收渠道持续拓宽，乡村产业发展内生动力持续增强。政策体系加快构建，为产业振兴提供指引。

就云南省来看，云南省委、省政府编制实施的《云南省乡村振兴战略规划》，分别明确至 2020 年和 2022 年的目标任务，细化实化工作重点和政策措施，部署若干重大工程、重大计划、重大行动。相继制定出台建立健全城乡融合发展体制机制、开展农村人居环境整治三年行动、打造世界一流“绿色食品牌”、加快乡村产业发展促进农民就业、推进移风易俗建设文明乡风、加强和改进乡村治理等一批政策文件，各州（市）、县（市、区）和省级有关部门结合工作实际制定推进落实意见或方案。乡村产业振兴的政策体系加快构建，完善了云南产业振兴政策体系，将理论体系建立在实际工作中，为产业振兴的发展建立更加系统、更为完整的政策引领。

表 4-1　关于产业的中央政策文件

时间	文件	内容
2018 年 1 月	中共中央　国务院关于实施乡村振兴战略的意见	提升农业发展质量，培育乡村发展新动能
2018 年 6 月	中共中央　国务院关于打赢脱贫攻坚战三年行动的指导意见	加大产业扶贫力度

续表 4-1

时间	文件	内容
2018 年 9 月	乡村振兴战略规划（2018—2022 年）	发展壮大乡村产业
2019 年 1 月	关于坚持农业农村优先发展做好“三农”工作的若干意见	发展壮大乡村产业，拓宽农民增收渠道
2019 年 4 月	关于建立健全城乡融合发展体制机制和政策体系的意见	围绕发展现代农业、培育新产业新业态
2019 年 12 月	国务院关于促进乡村产业振兴的指导意见	突出优势特色，培育壮大乡村产业
2020 年 1 月	关于抓好“三农”领域重点工作确保如期实现全面小康的意见	加强现代农业设施建设，发展富民乡村产业
2020 年 7 月	全国乡村产业发展规划（2020—2025 年）	提升农产品加工业，拓展乡村特色产业，优化乡村休闲旅游业等
2020 年 10 月	关于制定国民经济和社会发展第十四个五年规划和二〇三五年远景目标建议	加快发展现代产业体系，推动经济体系优化升级
2021 年 2 月	中共中央　国务院关于全面推进乡村振兴加快农业农村现代化的意见	构建现代乡村产业体系
2021 年 5 月	关于深入开展政府采购脱贫地区农副产品工作推进乡村产业振兴的实施意见	加强脱贫地区农副产品产销对接，加强网络销售平台运营管理
2021 年 6 月	中华人民共和国乡村振兴促进法	国家完善农村集体产权制度，采取措施优化农业生产力布局等
2021 年 8 月	支持农业现代化若干财政政策措施	支持山地农业产业体系建设

表 4-2　关于产业的云南省政策文件

时间	文件	内容
2017 年 1 月	云南省高原特色现代农业产业发展规划（2016—2020 年）	指明重点产业发展
2017 年 5 月	云南省人民政府办公厅关于支持返乡下乡人员创业创新促进农村一二三产业融合发展的实施意见	推进农村产业融合
2017 年 10 月	关于推进现代农业产业园建设的指导意见	打造“大产业”、培育“新主体”、建设“新平台”
2018 年 8 月	关于促进农产品加工业跨越发展的实施意见	优化农产品加工业布局，引进培育行业领军企业等

续表 4-2

时间	文件	内容
2019 年 12 月	关于加快乡村产业发展促进农民就业的实施意见	做大做强特色种养业，提升农产品加工业等
2020 年 7 月	关于加快构建现代化产业体系的决定	打造万亿级支柱产业，培育千亿级优势产业等
2021 年 12 月	云南省“十四五”高原特色现代农业发展规划	夯实高原特色现代农业发展基础

二、高原特色现代农业产业体系初步形成

云南省实施乡村振兴战略一直以高原特色农业发展为总抓手，坚持新发展理念，深入推进农业供给侧结构性改革，高原特色现代农业产业、生产、经营体系初步形成，目前高原特色农业实现了提质增效。

1. 农业基础性地位持续巩固

第一产业增加值由 2015 年末的 2055.71 亿元提高到 2020 年的 3598.91 亿元，年均增长 5.84%，由全国第 14 位提升到第 9 位，首次进入全国前 10，占全国第一产业增加值的比重由 2015 年的 3.56% 提升到 2020 年的 4.63%。粮食生产连年丰收，2020 年，产量单产双创历史新高。

2. 农业现代化进程提速，农业呈现多元化的快速发展特征

2018 年以来，全省茶叶、花卉等 8 个重点产业综合产值保持 16% 的年均高速增长。绿色食品、有机产品有效认证数量分别由 2017 年的第 11 位、第 8 位提升至 2020 年的第 7 位、第 3 位。截至 2020 年，全省纳入国家目录的家庭农场有 5 万余户。农产品远销全国 150 多个大中城市、110 多个国家和地区。据统计，2020 年云南省出口农产品 323.8 万吨，出口额为 360.7 亿元，同比分别增长 16.4%、8.9%，鲜花出口量和出口额均居全国各省（市、自治区）第 1 位。

3. 乡村特色产业蓬勃发展

截至 2020 年，云南省共有“一村一品”专业村镇 1621 个、全国“一村一品”示范村镇 103 个，创响一批“土字号”“乡字号”特色产品品牌[①]。

三、世界一流“三张牌”体系初步建立

云南省打造世界一流“三张牌”取得积极进展，体系初步建立。

① 云南网：《云南省乡村振兴取得重要进展》，https://nync.yn.gov.cn/html/2021/yunnongkuanxun-ew_0525/378448.html，访问日期：2022 年 1 月 18 日。

1. 绿色能源牌

绿色能源有力支撑了云南经济发展。2021年前三季度，云南省规模以上工业发电量2763亿千瓦时，同比增9.1%，其中，水电2218亿千瓦时，增10.7%。其中，工业用电1113亿千瓦时，增11.3%。在“双碳”目标背景下，绿色低碳已成云南经济转型的必然趋势。据云南省工信厅介绍，当前云南正在发展新能源电池产业，多个项目在昆明、曲靖、玉溪、文山等州市投产，云南产能规模在全国占比已提高到21%[①]。

2. 绿色食品牌

全省推进“绿色食品牌”，助力高原特色农产品打造品牌集群的效应。

（1）一方面，“绿色食品牌”审核严谨。每年云南省组织开展“绿色食品牌”品牌目录申报工作，将云南安全高质的农产品品牌统一纳入省级的目录管理。持续开展云南省“10大名品”评选，打造一批金字招牌。由云南省农业农村厅、云南省绿色食品发展中心，联合第三方评选服务机构认真审核；2021年4月初，全省共有770个农产品品牌开展线上申报，通过县区审核的有637个[②]。

（2）另一方面“绿色食品牌”品牌建设成效好，种类繁多。在2021年最终入选“绿色食品牌”品牌目录的有543个。在产业类别分布上，入选果品类品牌共计118个、茶叶类品牌79个、蔬菜类品牌70个、中药材类品牌57个、禽畜类品牌46个、花卉类品牌46个、其他类品牌35个（包含酒、保健食品、调味品、林特产、农资等）、粮食类品牌30个、油料类品牌12个、咖啡类品牌9个、糖类品牌8个、水产类品牌4个、综合类品牌3个[③]。

3. 健康生活目的地牌

依托云南丰富多样的生态资源、旅游资源、民族风情、人文环境等突出优势，着力做好“云南人”和“到云南来的人”两篇文章，着力打造世界一流“健康生活目的地牌”。云南省正在加大美丽县城、特色小镇、乡村田园综合体、半山酒店等的建设力度，大力发展乡村旅游、特色民宿、生态有机绿色食品、观光和休闲农业，发展“跨境游”“自驾游”“健身游”等新业态新产品。目前已有36个县城荣获“云南省美丽县城”称号，27个小镇被省人民政府授名为“云南省特色小镇”，大滇西旅游环线和半山酒店建设成效明显。

四、乡村产业振兴人才队伍建设稳步推进

云南省将各类人才聚焦转化一批农业科技成果，全面助力现代农业发展、集体产业壮大。

① 经济参考报：《云南打造世界一流“三张牌”》，http://www.jjckb.cn/2021-11/16/c_1310312057.htm，访问日期：2022年1月18日。

② 云南省农业农村厅：《以品质为基础，以品牌为抓手——云南省绿色食品牌品牌目录平台上线》，https://nync.yn.gov.cn/html/2022/yunnongkuanxun-new_0108/382523.html，访问日期：2022年1月18日。

③ 云南省农业农村厅：《以品质为基础，以品牌为抓手——云南省绿色食品牌品牌目录平台上线》，https://nync.yn.gov.cn/html/2022/yunnongkuanxun-new_0108/382523.html，访问日期：2022年1月18日。

1. 启动人才精准支持行动，助力产业振兴人才建设

云南省通过线上、线下方式为乡村产业振兴提供精准的人才智力支持，打造“云南美丽乡村人才网”、搭建“校园诸葛进乡村”服务桥梁、开发乡村振兴线上培训资源库、拓展完善线上求职招聘服务。围绕助力乡村振兴汇集各类资源建立人才智力综合数据库，通过线上平台为乡村企事业单位、创业者、劳动者提供讲座培训、政策解读等多项线上服务。引导乡村企事业单位、农业合作社等机构，通过平台购买专业人才智力服务。围绕乡村振兴事业发展需要提供系统化、专业化的线上视频课程和相关培训资源，帮助乡村企事业单位、创业者、劳动者依托网络提升技术技能，设置“乡村振兴求职招聘服务专区”①。

2. 云南省实施“万名人才兴万村”行动，以专业队伍助力乡村

2021 年 4 月，云南省委组织部着眼服务全省乡村振兴，印发了《“万名人才兴万村”行动方案》，计划从 2021 年起，结合深化村级集体经济强村工程和乡村振兴“百千万”示范工程，用 5 年时间，在全省范围内组织 1 万名各类人才结对服务 1 万个行政村（含社区）。其中，重点从入选省级人才计划的人才和省、州（市）、县（市、区）党委直接联系的专家、行业部门专业技术人员中选派人才，同时结合新一轮第一书记和驻村工作队员、科技特派员选派及年轻干部培养锻炼等工作，整合人才资源、同步推进选派工作。农科专家在田间地头手把手教农民种植技术，艺术家在水稻田里绘出五彩画卷吸引游客，规划专家实地调研为乡村发展量体裁衣，用更加专业的知识、更加先进的技术指导广大农民，助力乡村产业蓬勃发展。自 2021 年 4 月，省委组织部启动云南“万名人才兴万村”行动以来，全省 129 个县（市、区）已选派 10190 名各类人才、16 个专家服务团帮扶 6913 个行政村。他们充分发挥智力、资源优势，通过定向服务、人才项目引领、借力合作支持等方式，全面助力乡村振兴②。

第二节　云南乡村产业振兴困境

一、产业基础设施薄弱

1. 农机发展滞后

（1）农机在云南省部分县区起步较晚，未形成规模化，加之云南山地众多，受地形地

① 云南日报：《云南省启动助力乡村振兴人才精准支持行动》，https://nync. yn.gov.cn/html/2021/yunnongkuanxun-new_0907/380204.html，访问日期：2022 年 1 月 18 日。

② 云南日报：《云南省实施“万名人才兴万村”行动 万余人才结对帮扶 6913 个行政村》，https://nync.yn.gov.cn/html/2021/yunnongkuanxun-new_1213/381818.html，访问日期：2022 年 1 月 18 日。

块影响，适用范围有限。农机作业具有其特殊性，目前能够使用农机的范围包括农田作业、农机维护维修、运输等服务，有些地区地形地势复杂，农机难以操作，遇到特殊情况时不能快速解决。

（2）在农业机械日常经营方面，配件供应、农机管理、跨区域作业等方面需要进一步探讨。

（3）在农业机械后续维护方面，受到运输成本、人力资源及季节性维修时间等制约要素的影响，后续维修检查工作难以保障，安全性能存在隐患，农机长期有效经营受到制约。

2. 农村交通基础设施有待改善

云南省山区地形地貌复杂，道路蜿蜒曲折、视距条件差，急弯、连续急弯、陡坡、连续下坡道路路段较多，不利于物流产业发展，产业瓶颈正从生产领域转向流通领域。此外，鉴于资金投入、地域地段、施工难度等因素的影响，有很多道路没有水沟、边坡陡峭、防护措施少，给后续的提质改造施工带来极大的难度，也限制了招商引资等产业规模进一步扩大。

3. 农村电力基础设施较差

农村电网电能质量差，电压偏低问题广泛存在。云南省部分农村电力设备陈旧落后，变压器大多数已严重老化，能耗高、性能差。导线截面普遍偏小，表箱、接户线锈蚀严重、绝缘性能差。有些电线杆破损严重，已处于危险状态，遇到天气恶劣的情况容易造成断电等问题。电力是产业机械化的基础，农村电力基础较差，严重阻碍产业效率的提升。

二、产业结构有待调整

云南省位于我国西南部，是我国少数民族比较集中的区域。其虽然拥有大量的绿色植物，但却属于生态环境较为脆弱的区域。长期的贫穷落后，使云南的产业结构迟迟无法得到调整。主要表现在以下几个方面：

1. 产品结构单一

云南省农产品以甘蔗、油料等经济作物为主。一些经济价值较高的衍生产品，如特色香料、中草药等产量偏低。同时，对外销售农产品主要集中在蔬菜、烟草及水果上，其他农产品虽然也有，但所占比重不高。

2. 规模化程度低

首先，云南省主要地形条件为高原山地，致使其农业很难实现规模化发展，再加之布局不合理，无法形成集中发展优势，农业生产效益难以提升。其次，以家庭为基本生产单位、自产自销、独立经营的模式，随着新品种和新技术的不断出现，这种个体生产、分散经营的模式也暴露出种种弊端，不利于形成有效的组织，造成规模化程度低。

3. 产业化程度低

（1）存在一产延伸不足，农业产业链条短、农产品商品化率不高，主要表现为低档产品多、原料产品多。

（2）一产精深加工能力不足，其产量高、产值低、商品率低，产品多、品牌少、附加值低、综合效益低等特征比较明显。以云南省出口的农产品为例，高附加值、高技术含量的产品较少，大部分农产品只经过初级加工，深加工程度低，而这样的产品虽然出口量大，但是价格低廉，利润微薄。据测算，全国农产品加工业总产值与农业总产值之比为 2.28 ：1，云南省约为 1.6 ：1；云南省蔬菜精制成品占比约为 30%，水果精深加工率约为 23%，中药材加工比例约为 29%，全省每年仍有约 30% 的茶叶以毛茶销往省外。

4. 农产业市场化程度偏低

由于云南省缺乏先进的农产品经营方式，仍以传统的小农经营为主，导致其农产品不具备较强的市场竞争力，无法承受内外部环境变化的影响[①]。

5. 产业融合功能不强

过度注重农业的经济功能而忽视农业的多功能性也不利于农村产业深度融合发展，更不利于发挥六次产业的发展优势和乘数效应。农业多功能挖掘不够，休闲农业、旅游农业以观光为主，文化传承、人物历史、风土乡俗等触及不多，高品位、多样性、特色化不足。

三、产品质量品牌有待提升

产品高质量和品牌化是乡村产业振兴的基础保障，亦是民众健康、社会安定的基本保障。云南省在建设高品质和有影响力的农产品时，面临的具体问题还需逐步解决。

1. 农产品质量降低

（1）农业生产环境不容乐观，省内部分地区农业生产环境恶化，农药残留超标，优质耕地陆续被征用，面积逐年减少。而新开发的土地短期内又不能适应种植优质、高效、特色的农产品，所以土地的产出效益呈下降趋势，农产品质量必然受到影响。

（2）在传统农业中，农村居民对农产品质量和农用物资供给丰富的追求较低，对农业质量安全和品牌建设之间的关系认识不到位，对高质量农产品缺乏深入的理解。农民的思维意识有待加强。

2. 农产品品牌建设滞后

（1）缺乏品牌专业建设人才。品牌建设需要健全的人才队伍，但是与之相适应的经管、营销、电商等人才，与乡村产业发展相契合的本土实用技术人才的数量均不能满足发展的需求。专业人才不足使其运营和管理未满足现代化发展的要求，生产、流通及销售等环节都缺乏技术人才的支持，品牌效益显现不充分。

（2）品牌建设成本大，竞争力弱。四周山脉的天然屏障极大地限制了云南省农业品牌外延的效率，不便利的交通条件阻碍了省内外地区农业的交流，也加大了省内外交通运输的难度，在物流中被称为“偏远地区”。这加大了品牌化发展的成本，不利于与其他区域同级同类产品的竞争。

---

① 董美玉：《经济新常态下云南产业结构调整的思考》，《中国商论》2019 年第 6 期，218-219 页。

（3）品牌效应辐射范围小。云南省的品牌建设更着眼于地域品牌建设，而忽视了个人或公司品牌的建设。地域辐射的范围较小，除了几款主要产品外，其他农产品仅在周围省域的知名度较大，在北方省域缺少市场认可度，并且品牌宣传方面尚且欠缺，宣传手段简单，销售渠道单一，没有创新力，导致品牌的知名度和影响力辐射范围小。多数企业除了参与政府组织的农博会、美食节外，没有其他的途径和方式进行宣传，缺乏整套的广告营销策略和商标品牌战略。

四、新型农业经营主体建设有待增强

新型经营主体主要包括农村新出现的一些经营模式，即农民合作社、专业大户、家庭农场、农业产业化龙头企业等，是农业发展新涌现的产物。加强新型经营主体培育，发挥其在产业振兴中的重要作用，对实现乡村振兴具有重要意义，但在发展过程中还面临诸多问题和瓶颈。

1. 新型农业经营主体结构不合理

一方面，由于资源要素投入不足，很多新型农业经营主体没有得到有效的培训和规划，总体出现散而乱的格局。加之不同类别之间的新型农业经营主体之间关联性小，从而产生的附加值也较低。与此同时，在发展农业生产的过程中，大多都是以个体工商户的形式出现，规模总体偏小。另一方面，从经济效益来看，以经济作物、休闲农业等为主的新型经营主体收益高于以粮油种植为主的新型经营主体，以粮油为主的经营主体的发展速度较之以经济作物或休闲农业为主的经营主体相对缓慢。

2. 新型农业经营主体发展不均衡

一方面，新型经营主体作为新生事物，发展还不成熟，在很多方面受到制约，如农村空心化导致的劳动力数量少，用工成本高，加之产业发展物价上涨，这些因素都导致新型经营主体发展规模受到限制。新型经营主体需要对产品深加工、引进先进技术、购买大型的农业机械设备等，需持续投入大量资金，加之各种农业生产要素的成本逐年上涨，新型农业经营主体市场风险较高，经营成本增加[①]。另一方面，一些新型农业经营主体成立时间不长、经营规模不大，抵御市场风险的能力较弱，加上农业的生产经营周期长、收成慢，受自然因素和市场的不确定因素影响较大，新型农业经营主体经营项目可能面临失败，产生农业融资、贷款比较难问题[②]。

3. 新型农业经营主体辐射作用小，带动力不足

作为带动能力最强的新型农业经营主体，云南省农业龙头企业总量不足，带动辐射能力较弱、低水平重复建设等现象较为突出，总体发展滞后于全国平均水平。农产品销售以信息、

① 袁一鸣：《产业兴旺背景下延安新型农业经营主体培育的问题与对策》，《农技服务》2021 年第 38 卷第 5 期，84-86 页。

② 张刘丹：《乡村振兴战略背景下产业扶贫资金入股新型农业经营主体存在的问题及对策》，《乡村科技》2021 年第 12 卷第 6 期，58-59 页。

电子商务和网络技术为特征的现代商贸物流体系尚未形成，原料供给、生产加工和产品终端市场供求信息不对称，限制了农产品流通。缺少农产品加工业、休闲农业融合发展主体，农业休闲产业发展精品少，农业产业推广营销还有很大发展空间。

4. 新型农业经营主体专业性人才匮乏

专业人才是最稀缺的战略资源。乡村振兴视野下，新型农业经营主体专业性人才匮乏态势明显，新型经营主体多为农民，他们更多具备的是工作经验和工作实践的技能，但缺少理论、技术的支撑。但是现有的新型经营主体中有经验还得懂专业技术、善于农业经营、懂得市场营销的这类综合型人才比较稀缺，多数新型农业经营主体存在着管理不规范、技术落后等问题。

此外，在交通与资源配置等方面与城市差距依然明显，在政策倾斜力度不够的情况下，农村对涉农专业大学生缺乏吸引力，尤其是那些年轻化、既懂技术又会管理的涉农专业人才，这也导致新型农业经营主体难以获得益于自身发展急需的各类人才。受多种因素的制约，新型农业经营主体开展中面临的人才匮乏问题，短时间内难以得到有效的缓解。

（执笔人：邵小育　谭鑫）

第五讲　路径之讲

第一节　深化农业供给侧结构性改革

产业兴、百业兴。在农村地区，只有大力推进产业兴旺，才是保障农业农村各项事业发展的坚实物质基础。因此，在推进云南省产业振兴的过程中，要将发展农村经济，发展乡村特色产业，拓宽农民增收致富渠道，提升农村生产力放在比较突出位置，要持续围绕产业兴旺下足功夫，培育健全好农业农村发展的各项新动能。

一、加快高原特色现代农业产业发展

高原特色现代农业作为云南省五个万亿级支柱产业之一，在云南农业产业的发展中占据重要地位，现阶段云南省明确提出要加快高原特色现代农业产业的崛起。加快高原特色现代农业产业的发展要夯实产业基础，优化产业布局和产业结构，不断提高质量效益和竞争力，带动农民增收和乡村振兴。云南省要推进高原特色农业发展，不断提高云南高原特色农业质量效益和竞争力，应从以下七点出发：

（一）夯实高原特色现代农业产业的发展基础

基础不牢，地动山摇。良好的农业发展基础是云南省高原特色现代农业持续发展的动力。

（1）要加强高标准农田建设。紧紧围绕党的二十大提出的全方位夯实粮食安全根基，全面落实粮食安全党政同责，牢牢守住十八亿亩①耕地红线，逐步把永久基本农田全部建成高标准农田②的相关要求，在夯实高原特色现代农业发展基础的过程中，从国家全局出发，加强高标准农田建设，坚持高位推动，将高标准农田建设纳入省政府督查激励等考核范围；

① 土地面积单位，1 亩≈ 666.67 平方米，全书统一说明。

② 习近平：《高举中国特色社会主义伟大旗帜为全面建设社会主义现代化国家而团结奋斗——在中国共产党第二十次全国代表大会上的报告》，http://www.news.cn/politics/cpc20/2022-10/25/c_1129079429.htm，访问日期：2022 年 11 月 10 日。

强化资金保障，着力构建农田建设多元投入新格局；加强质量监管，推行“政府监督、专业监理、群众参与”三位一体的质量管控模式；坚持建管并重，充分调动受益主体建后管护的积极性；坚持示范引领，提升综合效益。

（2）围绕党的二十大提出的深入实施种业振兴行动，大力发展现代种业。推动现代种业的发展需要做强种业龙头，采取“公司+基地+农户”模式深化种业合作，加快制种基地建设，实施种业创新。实施种业创新与产业化工程项目，加强育种经费投入，加快品种创新；提高种业效益，推广应用精简制种等技术。

（3）围绕党的二十大提出的强化农业科技要求，强化农业科技创新，充分发挥科技强农、机械强农的作用，助力乡村产业振兴，实现共同富裕。持续增强农民的科学素养和技术能力，不断提升农业的机械化和数字化水平；定期安排一定数量的科技特派员下乡进行培训指导，农民实现科学与技术水平的提升，为高原特色现代产业发展打牢基础。

（4）围绕党的二十大提出的强化农业装备支撑要求，提升机械装备水平，提升农机装备研发应用水平，全面梳理短板弱项，加强农机装备工程化协同攻关。实施农机购置与应用补贴政策，优化补贴兑付方式，加快开展农机研发制造推广应用。

（5）加快数字农业、智慧农业的发展。一方面，农业发展数字化。推动数字化农业示范建设，依托农业农村大数据平台基座，按照全国统一的数据资源目录、分类编码体系、数据标准接口，大力拓展物联网、互联网等在线采集新渠道，加快构建“空天地”一体化数据资源采集体系，推动县域公共数据整合共享，加快打造县级涉农大数据应用系统。另一方面，农业生产智能化。大力实施“互联网+”促进农产品出村进城，建立农产品电商运营中心，完善农村智慧物流网络。加快智慧农业应用领域的发展，如智能化温室、植保无人机、水肥一体化无土栽培/沙土栽培系统等。

（6）健全疫情疫病防控体系。要把动植物疫病防控各项要求细化为职责使命、实化为工作担当，做好强化动植物疫病监测预警、强化动植物疫病防控指导、强化动植物检疫监管、强化动植物疫病应急处置4项重要工作。

（二）调整高原特色现代农业产业结构

良好的产业结构能充分发挥农业的价值，不断优化高原特色现代农业产业结构，让农业产业走上绿色高效发展道路。

1. 加快发展农产品加工业

围绕主导产业，制定完善农产品加工业发展规划，明确重点培育的主导产业加工业的发展和提高；优先培育农产品深加工特别是外向型深加工企业，提高产品附加值，增强市场竞争力。

2. 优化农业种植业结构

坚持以市场为导向，调整优化粮食经济作物生产结构。要兼顾粮食作物、草料作物生产与布局，坚持农业、牧业同步发展、高效运作。

（1）保障种植业的主导地位。推动农业供给侧结构性改革，是提高农业综合效益和竞争力的重大举措。①加强玉米、小麦、稻谷等主要粮食作物生产功能区建设，深入实施优质粮食工程，稳定玉米、小麦、稻谷等主要粮食作物生产面积，注重稳面积与提品质并举。同时扩大薯类杂粮作物的生产面积，按照“消费引导生产”的原则，挖掘薯类杂粮作物更多附加值，实现加工转化增值。②坚持“谷物基本自给、口粮绝对安全”的原则，按照市场规律，制定与市场需求相适应的粮食定价机制，协调国家、粮食生产者、经营者和消费者利益，引导生产者提供高产、优质的粮食供给。

（2）优化种植业内部结构。按照稳粮、优经、扩饲的要求，切实形成主导产业重点突破，后续产业协调发展的梯次产业体系，推动粮、经、饲统筹，种养一体实现传统农业转型升级。①打破物种单一，种、养分离的种植模式，运用科学、系统的耕作技术，合理开发土地资源，合理利用生物资源。推行农村的山、水、田园等综合利用，推行种养循环、产加一体、粮草兼顾、农牧结合的绿色生态农业。②大力推行发展节粮型草食动物和开发饲料作物的无害替代品，减少饲料作物用量的需求，建设现代饲草料产业体系，推进粮食作物向饲草料作物种植方向转变，推广优质饲草料种植。

（三）加快构建现代农业经营体系

完善的经营体系能够较好地促进农业的发展和壮大。

（1）发展多种形式的适度规模经营。云南省要充分践行党的二十大提出的发展农业适度规模经营的要求，①以土地要素的集聚促进农业适度规模经营，将农村土地确权颁证、产权制度改革等农村改革重点任务与土地流转规模化经营相结合，引导农村土地向种植大户、企业、合作社等新型经营主体流转。②以社会化服务为支撑促进农业适度规模经营。采取优化运营方式，开展“产前、产中、产后”社会化服务，合作社与农户（村委会）签订托管合同，形成整村为单位为农户提供生产托管的统一模式，涵盖种子、肥料等农资购销，实行机耕、机播、机收全过程或半托管，让农户足不出村就享受优质服务，有效促进小农户和现代农业发展的有机衔接。

（2）多样化培育壮大新型农业经营主体。通过加强技能培训，培养新型职业农民，加大扶持力度发展家庭农场、合作社的等主体，帮助农业发展更加规范化、科学化，实现由松散到紧密的转变。

（3）积极完善农业社会化服务体系，加大对农业生产托管的培训宣传力度，鼓励引导农民和服务组织参与农业社会化服务。整合财税、金融、审批等各种政策优势，向新型农业服务主体倾斜，推进农业社会化服务向高端延伸。各级农业部门应鼓励不同服务主体以资金、技术、服务等要素为纽带，发展服务联合体、服务协会等新型组织形式，为生产者提供“一站式”服务，并对项目开展情况、实施效果、资金兑付等情况开展绩效评价。对服务能力较强、信誉良好的服务组织优先扶持。采用直接补贴、政府购买服务等形式，优先培育一批可以提供高端增值服务能力的服务主体，发挥示范引领作用，以此完善云南省现代农业经营体系。

（四）扩大农业开放，融入新发展格局

具体包括构建区域性国际农产品交易枢纽、加强国际国内农业科技合作、加强跨境农业生物安全机制建设、培育农业开放合作等方面，体现云南高原特色现代农业独有特点。

（1）构建区域性国际农产品交易枢纽，以现代化交易、结算、信息、检测、储藏、物流等技术为支撑，建成现代化农产品一站式采配中心。

（2）加强国际、国内农业科技合作，加强与国际组织和重点国家合作，新建或提质升级 20 个左右多双边国际联合研究平台，用好“国际农科院院长高层研讨会”等机制，加强在基础研究、前沿交叉学科方面的国际联合攻关。强化与“一带一路”国家科技合作，为农业企业“走出去”提供科技支持。

（3）加强跨境农业生物安全机制建设，要科学、持续、有效防控跨境入侵我国的重大农业有害生物，依托国际合作，开展多边跨境合作监测预警与联防联控，把跨境入侵我国的农业重大有害生物抵御于国门之外。推进完善我国农业生物安全防控体系，提升农业生物安全防控的治理能力与水平。

（4）培育农业开放合作体系，与更多国家商签部门间农业合作协议。用好中国—东盟博览会、上海合作组织、中非合作论坛等合作平台，加强与重点合作国家和区域间农业发展规划的对接，丰富拓展合作领域，推动多双边合作机制在促进农业农村国际合作中切实发挥作用。

（五）积极推进高原特色现代农业绿色发展

（1）要完善生态资源管理体系。①推动划定和实行生态保护红线，严格保护重点生态功能区、生态环境敏感区和脆弱区等区域的森林、草原、湿地资源，确保面积不减少、用途性质不改变、生态功能不降低。②完善生态环境监管体系，完善生态监督执法制度，扎实推进生态环境保护综合行政执法改革，推进《生态环境保护综合行政执法事项指导目录》实施。加强技术监管，通过非现场监管、大数据监管、无人机监管等应用技术，强化对湿地、林地、草地、自然环境破坏监督。③大力倡导绿色健康的消费模式和节约环保的社会风气，树立善待地球人人有责，节约资源从身边做起的全民意识。以节约资源和保护生态环境为契机，努力实现人口、资源、环境相协调，促进经济又好又快发展。

（2）加强产地环境保护与治理。通过加强农田和耕地污染防治，实施化肥农药使用量持续减量行动；强化饲料质量和兽用药监管；完善秸秆综合利用和禁烧制度；建立畜禽粪污资源化利用制度等措施，打好污染防治攻坚战。

（3）养护修复农业生态系统。把生态保护与绿色农业、农业主体功能区建设相结合，加强山水林田湖草沙系统治理，突出保护、修复境内主要河流和环湖湿地，发挥生态资源涵养水源、防洪蓄洪、动植物栖息地等功能，提升生态系统质量和稳定性，把绿色发展作为高原特色现代农业发展的底色和路径。

（六）继续深化农业农村改革

（1）持续巩固和完善农村基本经营制度，要做好农村承包地确权登记颁证工作，保障农民的权益；加快土地经营权流转市场建设，以便为流转双方提供服务。鼓励各地盘活集体资源，推广经验做法，发展好集体经济，完善相关利益机制，实现共同富裕。

（2）深化农村集体产权制度改革。①以集体产权制度改革激活集体经济组织资源，完善现代农业生产服务体系，解决一家一户难以解决的问题，提高土地产出率和劳动生产率。②以集体产权制度改革激活要素资源，畅通要素配置渠道，提高资源配置效率，为土地集中流转奠定基础，促进农业规模经营，实现规模经济。③以集体产权制度改革激活城乡市场，吸引更多的工商资本进入农业领域，解决农业发展长期面临的资金短缺、技术短板、经营短腿问题。

（3）完善和创新农业支持保护政策。围绕实施乡村振兴战略确定的重大任务，合理确定政府支持保护的重点，明确中央和地方的支出责任，形成农业农村投入合力。努力拓宽资金筹集渠道，调整完善土地出让收入使用范围，进一步提高农业农村投入比例。建立高标准农田建设等新增耕地指标和城乡建设用地增减挂钩节余指标跨省域调剂机制，将所得收益通过支出预算全部用于巩固脱贫攻坚成果，支持实施乡村振兴战略。

（七）强化组织保障

通过加强组织领导、加强示范创建、加强考核评价 3 个方面，持续深化组织保障，助力高原特色现代农业发展。

（1）农村工作领导小组要加大对农业现代化工作的统筹力度，形成党委统一领导、党政齐抓共管、相关部门各负其责的领导体制和工作机制。进一步完善区县、乡镇领导组织体系，充分发挥基层组织在农业现代化建设中的重要作用，组织百万民兵投身农业现代化。

（2）基层党组织要努力消除创建示范活动中存在的形式主义问题，做到善始善终、善作善成，加强源头治理和制度建设，切实为基层减负，让创建示范活动产生更好效果。

（3）坚持把干部政绩考核与加强领导班子和领导干部队伍建设结合起来，将各项重点工作任务分解到人。因工作推进不力，受到上级或相关部门通报批评的，个人年度考核不得评为优秀等级。让考核高质量发展的结果成为干部选拔任用、评先奖优的重要依据，让真正干活的干部得到鼓励。

二、优化农业结构调整

农业结构调整一直是我国农村经济发展中的重要问题，也是实现农业增效、农民增收的有效途径，是当前农村工作的重中之重。加之中国社会主要矛盾已经转化为人民日益增长的美好生活需要和不平衡不充分的发展之间的矛盾，且随着生活水平的不断提高，人们对于农产品品质的要求也在不断提高，为了提高有效供给，调整优化农业结构调整势在必行。因此，要从云南省省情出发，结合当前经济发展的背景，进一步推进农业结构调整的思路，优化农业生产力布局推进农业结构调整。

（一）更加突出种养结合、循环发展，调整优化种养结构、大力发展草牧业

统筹考虑粮食作物、经济作物和畜牧业生产。以“大力发展草牧业，形成粮草兼顾、农牧结合、循环发展的新型种养结构”“根据资源承载力和农业废弃物消纳半径，合理布局规模化养殖场”“按照‘以养定种’的要求，发展饲用玉米、青贮玉米”等一系列部署和安排为契机，兼顾保障主要农产品有效供给和保护资源环境，不断加强指导性和针对性。

（二）更加突出一二三产融合，发展农业产业化，拓展农业多功能

围绕提高农业效益，不仅要在“内部优化”上花力气，还应在“内外联动”上下功夫，要“做强一产、做优二产、做活三产”，在“做优二产”上要“延伸产业链、打造供应链、形成全产业链，促进一二三产融合互动”；在“做活三产”上要挖掘农业多功能，“大力挖掘农村文化资源，强化农业产品、农事景观、乡土文化的创意设计”，使农民从产业链增值中获得更多的收益。

（三）更加突出可持续发展，建立与资源承载力相匹配的产业结构

从前两轮结构调整看，第一轮主要是为适应农业生产的自然条件；第二轮不仅考虑了自然条件，还兼顾了经济发展水平、市场需求等因素。新一轮结构优化，既要基于自然条件、经济水平、市场需求，更重要的是突出生态环境、突出可持续发展。把提高可持续发展能力作为此次结构调整的目标之一，要以农业资源环境承载力为基准，因地制宜，宜粮则粮、宜经则经、宜草则草、宜牧则牧、宜渔则渔，提高农业生产与资源环境匹配度；加大地下水超采、重金属污染等环境突出问题治理力度等。

（四）强化科技创新驱动，激发调整优化农业结构的现代要素活力

发挥农业科技协同创新联盟作用，开展重大农业科技协同攻关，推动在生物育种、智慧农业、农机装备、加工技术、生态环保和粮食绿色增产模式等领域取得重大突破。积极发挥种业创新在农业结构调整优化中的先导作用，以做大做强育、繁、推一体化种业企业为抓手，加大对种质创新、新品种选育等的支持力度，尽快培育一批高产、稳产、优质、抗逆、适应机械化生产的突破性新品种。开展分区域、分作物标准化的高产高效、绿色可持续技术模式攻关，加大各区域主导品种和主推技术遴选支持，加强稳产增产、抗灾减灾、农业机械化关键技术的集成应用。实施主要农作物生产全程机械化推进行动，强化农机与农艺融合，创建一批全程机械化示范区。强化信息服务，推进信息进村入户试点，加快村级信息服务站（员）建设。开展农产品电子商务示范，支持电商、物流、商贸、金融等企业参与农产品电子商务平台建设。实施每年万名现代青年农场主和农村实用人才培养计划，示范带动农业结构调整优化。

（五）以国家开展“三区”建设为契机，进一步做好云南现代农业发展的顶层设计

在确保粮、油、糖、胶等重要农产品生产的同时，以“绿色食品牌”八大产业为重点，提高特色、优势、优质、高效农产品生产比重。尤其是大力支持像花卉、咖啡等云南独具规模、地域性强、经济价值高、技术要求高、商品率高、对自然条件要求较严格的特色优势产业的发展，解决云南农业大而不强、产业齐而不优的问题。推进农产品向优势区域集聚，促进产业转型升级和供给侧结构性改革①。

三、加强土地流转和耕地保护制度建设

党的二十大提出全面推进乡村振兴，要深化农村土地制度改革，赋予农民更加充分的财产权益。保障进城落户农民合法土地权益，鼓励依法自愿有偿转让②。土地是农业发展最基本的生产要素，也是农民最基本的生活保障，对于维护农民的权益、促进农业和农村经济的发展、维护农村社会的稳定具有重大意义。耕地是粮食生产的命根子，保护好耕地安全就是保护好国家粮食安全。加强土地流转和耕地保护制度建设，有利于避免耕地“非粮化”“非农化”倾向，规范工商资本土地流转，破解流转违约及“跑路”等问题。

（一）加强土地流转风险保障

受市场波动、自然灾害等多种因素影响，农业生产经营存在一定风险，特别是近年来粮食等农产品生产比较效益下降，导致一些经营主体因亏损而毁约甚至“跑路”。因此，县级以上地方人民政府应依法建立工商企业等社会资本通过流转取得土地经营权的风险防范制度。同时，鼓励各地建立多种形式的土地经营权流转风险防范和保障机制，如鼓励流转双方在土地经营权流转市场或农村产权交易市场公开交易，签订规范的流转合同，明确双方的权利义务；鼓励保险机构为土地经营权流转提供流转履约保证保险等多种形式保险服务；等等。

（二）落实“三权”分置制度

按照集体所有权、农户承包权、土地经营权“三权”分置并行要求，聚焦土地经营权流转。在依法保护集体所有权和农户承包权的前提下，就平等保护经营主体依法流转合同取得的土地经营权，增加一些具体规定，进一步放活土地经营权，使土地资源得到更有效合理的利用。贯彻加强监督管理要求，明确对工商企业等社会资本通过流转取得土地经营权的审查审核具体规定及建立风险保障制度的要求，以更好地保障流转双方合法权益。

---

① 陈良正、李隆伟、毛昭庆，等：《云南高原特色现代农业产业经济分析研究》，《中国农学通报》2019 年第 35 卷第 30 期，155-164 页。

② 习近平：《高举中国特色社会主义伟大旗帜 为全面建设社会主义现代化国家而团结奋斗——在中国共产党第二十次全国代表大会上的报告》，http://www.news.cn/politics/cpc20/2022-10/25/c_1129079429.htm，访问日期：2022 年 11 月 10 日。

（三）建立分级资格审查和项目审核制度

实施乡村振兴战略，工商企业等社会资本是重要力量。近年来，各地积极引导和规范工商资本下乡，在带动乡村产业发展、加强农村基础设施建设、促进农民增收等方面发挥了积极作用。但也出现了部分工商资本大规模流转耕地后，加剧“非粮化”倾向等问题，有的甚至存在改变耕地农业用途的情况。为此，必须要建立工商企业等社会资本通过流转取得土地经营权的资格审查、项目审核和风险防范制度。贯彻落实法律和政策要求，对建立健全工商企业等社会资本通过流转取得土地经营权的准入监管制度作出详细规定，明确地方人民政府要依法建立分级资格审查和项目审核制度，并规定审查、审核的一般程序，引导工商企业等社会资本规范流转土地经营权。同时，考虑到各地情况差异较大，地方人民政府须因地制宜，结合本行政区域实际情况，制定审查审核的实施细则。

（四）“农地农用”扎紧耕地保护的“篱笆”

当前，我国仍处于工业化、城镇化快速发展时期，保护耕地的压力越来越大，保障国家粮食安全的任务越来越艰巨。党中央、国务院高度重视耕地保护问题，提出要扎紧耕地保护的“篱笆”，守住 18 亿亩耕地红线。①严格防止耕地“非粮化”，明确土地经营权流转要确保农地农用，优先用于粮食生产，要将经营项目是否符合粮食生产等产业规划作为审查审核的重点内容，各级农业农村部门要加强服务，鼓励受让方发展粮食生产。②坚决制止耕地“非农化”，明确土地经营权流转的受让方应当依照有关法律法规保护土地，禁止改变土地的农业用途；禁止闲置、荒芜耕地，禁止占用耕地建窑、建坟或者擅自在耕地上建房、挖砂、采石、采矿、取土等；禁止占用永久基本农田发展林果业和挖塘养鱼。

（五）强化耕地保护政策考核

强化考核结果应用，考核部门要及时通报考核结果，公布排名及具体扣分事项，充分发挥检查、考核的督促和调动作用，引起地方政府对耕地保护的高度重视。①制度上，应强化政府主体责任，加强考核部门间的联动，共同落实耕地保护考核职责。②方法上，地方政府要注重实效，综合考虑当地经济发展、自然条件、生态环境等因素，依法依规制定切实可行的差别化奖惩办法。③措施上，从实际长远出发，抓住症结，对症下药；评判奖惩措施效果，要看是否能真正奖到被奖励者心里，罚到被惩罚者痛处。④形式上，奖惩内容和形式要多样化。⑤主体上，既要奖励到人，也要奖励到事；既要处理到人，也要处理到事。

第二节　加快农业转型升级

一、持续推进“一县一业”“一村一品”建设

“一县一业”“一村一品”不仅能搞活地区经济，还代表着一个地方的社会经济发展水平，也代表着这个地方在某一个地区乃至全国和全世界市场上享有的声誉，同时还反映着当地的精神风貌。“一县一业”“一村一品”战略能够有效地推动产业发展和做强县域经济，使各地充分挖掘自身特色产业，提升农民收入，助力打造知名品牌的重要途径①，在加快农业转型升级、提高农业生产效益上具有重要意义。近年来，云南省各地牢牢把握有利条件，把资源优势转化为产业优势，打造出具有本地特色、打上本地烙印的“一县一业”“一村一品”，坚持持续推进其建设。

（一）明确发展思路，创建发展目标

按照“大产业 + 新主体 + 新平台”的发展思路，聚焦茶叶、花卉、蔬菜、水果、坚果、中药材、肉牛、咖啡 8 大产业“绿色食品牌”建设。同时兼顾其他特色优势产业，全面落实“创名牌、育龙头、抓有机、建平台、占市场、解难题”6 方面举措，在全省择优创建规模化、绿色化、专业化、组织化、市场化水平高的“一县一业”示范县，引领县域做大、做强、做优主导产业，构建完善产业体系、生产体系和经营体系，把小农户引入“一县一业”发展大格局。鼓励支持示范县培育区域特色鲜明、比较优势突出、产业规模较大、产业链条完整、经济效益明显、市场竞争力强的主导产业，大力支持“一村一品”专业村建设。在全省建成一批绿色农业产业带，促进“一县一业”取得重大进展，使之成为推动乡村产业兴旺的示范样板、实现高原特色现代农业高质量发展的关键举措，为“绿色食品牌”大产业发展奠定坚实基础。

（二）开展示范创建，推进“一村一品”建设

各市县区应积极认真落实《云南省人民政府关于创建“一县一业”示范县加快打造世界一流“绿色食品牌”的指导意见》的要求，扎实推进“一县一业”中“一村一品”建设，按照要求，认真落实并确保每个示范县至少创建 10 个“一村一品”示范村镇。整合资源积极在全省开展“一村一品”示范创建，打造一批村镇有产业、产业有特色、带动有主体、产品有标准、销售有品牌、农户有增收的专业村镇。继续推进提升专业村镇建设，积极组织申报全国“一村一品”示范村镇。

① 张煜：《云南省“一县一业”发展探究》，《经济研究导刊》2020 年第 23 期，21-23 页。

（三）推进融合发展，打造“一村一品”新业态

围绕把云南建设成为中国最美丽省份，积极拓展休闲观光、文化传承、生态保护等农业多种功能，大力发展休闲农业和乡村旅游，推进“一村一品”与旅游、文化、健康养生深度融合，实现产业提档升级。结合各地实际，因地制宜开发金属工艺、木雕根雕、陶器、石艺、扎染刺绣等乡村传统工艺品、民族手工艺品，着力把小商品做成“一村一品”的主导产业。

（四）强化政策引导，支持“一村一品”发展

统筹整合“绿色食品牌”、产业扶贫现有政策，资金项目向“一村一品”倾斜。对被认定为全国“一村一品”示范村镇的专业村镇，给予相应资金奖补，投向参与产业发展的新型经营主体，鼓励支持用于产业基地建设、加工技改扩能、优势品牌打造、产品宣传推介、信息化应用示范、人员素质提升及农业社会化服务等方面。

（五）加大宣传力度，提升“一村一品”影响力

云南省应将“一村一品”纳入打造世界一流“绿色食品牌”统一宣传项目。梳理“一村一品”示范村镇目录，通过数据农业平台、各类报刊、广播、电视、网络及新媒体向社会推介。积极组织“一村一品”专业村镇参加中国农产品加工业投资贸易洽谈会、中国名优农产品暨农业产业化交易会等农产品展示展销活动，宣传推介“一村一品”产品，提高云南省特色农产品知名度和市场竞争力。

二、创新农业发展方式

农业本身就是一个多功能体，农业多功能性是指农业具有经济、生态、社会和文化等多方面的功能。随着我国经济在较长时期保持高速度增长，农业的基础性支撑作用在不断增强，其生态、文化、社会等功能地位逐步显现，拓展农业的多功能性、发展多功能农业是农业发展与进步的必然趋势[①]。大力发展循环农业、观光农业、特色文化传承、休闲农业、“互联网＋农业”等农业发展模式，为加快乡村振兴夯实基础。

（一）发展生态循环农业

农业农村部、国家发改委等6部门印发的《“十四五”全国农业绿色发展规划》中表明，发展绿色友好、环境再生的生态农业有助于农业高质量、高效益发展。首先，坚持推行以农业内部的可持续循环发展为原则，以独特的自然资源禀赋为基础，立足于农林废弃物的循环化利用，实现经济、社会、生态效益的生态农业发展模式。其次，通过盘活各类生态资源，开发各类生态产品，打好“绿色牌”，提升农产品价值，推进农产品减量增效、有机环保、低碳循环、综合治理等工作，推动农业绿色、生态发展。

---

① 李梁、毛昭庆、王雪娇、等：《云南农业多功能拓展策略研究》，《安徽农业科学》2021年第49卷第3期，258-260页，第264页。

（二）发展旅游观光农业

随着传统农业的转型升级，观光农业成为满足现代城镇居民消费需求的新型产业。大力发展现代乡村旅游业，对于带动农民增收有积极的意义。深入挖掘特色农产品地区蕴含的文化、历史人文价值，针对性地制定适合都市人休闲消费的主题特色休闲农业产品方案，如推出民族风情之旅、农俗节庆之旅、乡村休闲之旅、农事体验之旅等。

（三）发展乡村特色文化产业

推动农业文化资源优势转化为文化产业，对于推动产业规模化、集约化有深远意义。①着重传承农村特色文化、农村非物质文化遗产，挖掘农村优秀特色文化，发展农村文化产业集合体，探索农产文化产业发展新路径。②坚持目标导向，根据市场需求，用现代生产经营的管理方式经营文化产品，提升文化产品及文化服务的附加值，推动文化产业化。③完善农村公共文化服务，加强文化产业建设，创造更多制作精良的文化艺术品，提升中国特色社会主义文化整体实力和竞争力。

（四）发展“互联网＋农业”的发展模式

农业生产与互联网相结合的融合方式成为现代农业转型升级的新思路。基于互联网引入文创、科技、教育等元素创新经营模式，盘活农村乡村闲置资产，激发农村发展的活力，大力发展农村电商综合服务平台，积极开展品牌营销与农产品直播带货，积极挖掘农产品文化内涵，结合互联网衍生更多的农村新业态，推动农业产业化发展[①]。

（五）发展休闲农业

云南是农业大省、多民族省份，有丰富的休闲农业资源和独特的民族风情资源，发展休闲农业具有得天独厚的条件。目前，云南省休闲特色逐步显现，各地根据自身条件和农业资源禀赋，结合人们的消费需求，加大了休闲农业资源的深度开发力度，不断调整产业布局，逐渐形成了具有浓厚地方特色和农业特色的休闲农业产业发展模式。一方面，要创新发展经营模式。形成政府引导、市场主导、农民主体、企业运作和社会参与的休闲农业经营模式，如“农户＋农户”“公司＋农户”等模式。另一方面，创新营销模式。发挥市场主体在休闲农业开发投资、市场开发、经营服务等方面的作用，着力推进云南省休闲农业由粗放型向集约型方向转变，由单一产品向多元化、特色化方向发展，由无品牌、低效益向品牌化、高效益方向转变。

三、实施农业提质增效行动

随着经济的快速发展，农产品质量安全已成为广大消费者及农业和食品行业最为关注的问题，市场上对于农产品的需求量也持续增加，消费者更加重视农产品安全性，更偏向于无

① 李明贤、刘宸璠：《农村一二三产业融合利益联结机制带动农民增收研究——以农民专业合作社带动型产业融合为例》，《湖南社会科学》2019 年第 3 期，106-113 页。

公害、绿色有机农产品[1]。无论是政府还是民间，都在探索解决这一关系国计民生的热点问题，并已开始在许多方面付诸实践。全面加强农产品质量安全工作，是新阶段农业发展的一项主要任务，也是农业结构调整的重要内容。因此，保障农产品质量安全和培育提升农业品牌具有重要意义。

（一）加快推进品种培优

（1）加强种质资源保护，遴选一批优势种子企业予以重点扶持，深化种业“放管服”改革，促进产学研结合、育繁推一体化，建立健全商业化育种体系。发展现代化农作物制种基地，建好国家畜禽核心育种场和水产原良种场，健全良种供应应急保障体系。

（2）加快优良品种选育，通过选种圃、品种比较、区域试验等程序开展新品种选育，筛选培育出一批耐旱、抗病性能好，且适合不同生态类型的优良新品种，进行大面积示范推广。

（3）推进制种基地建设，依托各地优势区域位置，按照“高起点、高标准、高水平”建设要求，通过政策引领、企业带动、利益连接等措施，大力推进制种基地建设，助力产业健康发展。

（二）加快推进品质提升

（1）大力推广优良品种，一方面，通过发挥好农作物优良品种的示范工作，优良的品种要加大引进力度。另一方面，要加强良种推广相关人员的知识素养，通过培训、知识普及等方式，强化推广人员进行科学合理的推广。加强农民对优良品种的识别能力、使用能力，将优良品质的作用真正落到实处。

（2）集成推广技术模式，形成省政府领导，全省上下紧扣的模式，以促进农民增收，瞄准推动农业农村高质量发展目标，突出强化科技支撑，集成推广新技术，突出强化典型引路，培育示范可学、可看、可复制、可推广的新模式。着力构建节本增效、优质安全、环境友好的农业农村发展新格局，为实施乡村振兴战略、加快推进农业农村现代化注入新动能。

（3）净化农业产地环境，建立健全科学统一、与国际接轨的食用农产品质量安全标准体系。此外，还要推行生产全程控制和质量安全追溯，健全农业投入品质量监测制度，控药、控肥、控添加剂，对农民开展标准化清洁生产技术培训和法规宣传教育，指导农产品生产企业和合作社建立产地证明准出制度，强化与市场准入的衔接。

（4）推广绿色投入品，重点推广有机和微生物肥料，高效低毒低风险的农药兽药渔药和生物农药等绿色投入品，规范使用饲料添加剂，推广病虫绿色防控技术和产品。

（三）加快推进标准化生产

（1）开展重点区域先行示范行动，推进标准化生产。①要认真落实好实施示范基地创建。申报创建基地所在地市、县农业农村部门要高度重视，加强领导，完善措施，确保创建目标

---

① 张远江、李鸿雁：《供应链环境下的农产品质量安全保障分析》，《食品安全导刊》2022 年第 1 期，33-37 页，第 41 页。

任务落到实处，各省级农业农村部门负责组织开展辖区内示范基地创建，制定工作方案，严格创建标准和申报程序，做好基地推荐和动态管理。强化技术指导，农业农村部农产品质量标准研究中心组织有关技术单位要开展示范基地创建的技术指导，编制有关示范基地建设指南。各示范基地要加强与有关科研院所合作，组建标准化专家组，做好标准综合体及配套宣贯材料编制和实施应用。各农业有关专业标准化技术委员会要加强对相关示范基地标准体系构建的指导。②以产品为主导、全程质量控制为核心，构建现代农业全产业链标准体系，重点从产地和投入品安全、生产控制、储运配送、配套设施等方面制定完善相关标准，实现农业全产业链各环节有效衔接。以高标准引领高质量，加快国内外标准全面接轨，推动我国农产品质量达到国际先进水平。

（2）强化总结宣传。各级农业农村部门要加强示范创建工作总结，凝练一批农业标准化生产模式，打造一批统筹推进两个“三品一标”发展典型。利用各类媒体广泛宣传实施成效和典型经验，助力示范基地扩大影响，提高公众认知度和参与度，营造良好的社会氛围。

（3）培育新型农业经营主体。积极培育壮大农民合作社、家庭农场等新型农业经营主体，通过实行标准化、规模化养殖，激活农业发展潜能，推动肉牛养殖业提档升级，促进农业增效和农民增收，助力乡村振兴。

（四）加快推进农业品牌建设

（1）加强名优品牌培育。生产出一批具有一定知名度的优质农产品，就需要制定严格的标准体系和执行系统，引入可行的评价机制，实现全程质量监控，切实保障从原材料供应、粗精产品生产加工及仓储物流等各环节都做到保质保量；充分发挥农业龙头企业的核心作用，依托省级现代农业综合园区、优质农产品展示展销中心等培育农产品区域品牌，打造消费者信得过的产品品牌，发展特色农产品品牌，丰富品牌内涵；开辟多元化的品牌传播渠道，利用网络营销、农产品会展、观光农业等渠道，扩展农产品品牌空间。

（2）加强品牌管理。按照品牌农产品认证的标准与要求，严把质量关口，对初审中发现的风险高、有瑕疵的预申报产品及主体，遵循标准合规、流程合规的原则，加大现场核查力度，及时纠正偏差；发现问题较多的产品与企业，决不勉强组织申报或低质高报；从产前、产中、产后三个方面，加强对获证产品与基地的检查与管理。采用对农产品进行突击和定期相结合的检查方式，重点查验品牌农产品的追溯建立、产地环境、投入品使用、操作规程、生产记录、包装标识、内检员履职等质量管理制度落实情况。

（3）促进品牌营销，制定线下线上营销策略。特色农副产品在原产地服务半径内的各大城市，进行线下门店营销网络搭建，参加农产品会展展销促销等，促进原产地内外市场互联互通；与当下网红直播、私人订制、新零售、短视频平台等新营销模式结合进行品牌营销。

（五）持续强化农产品质量监管

（1）严格农业投入品使用，建立农资经营备案制度，严把农资产品质量关。对农资经营门店（种子、农药、肥料、兽药、饲料）的经营情况进行摸底登记造册，监管覆盖率达

100%，并严格落实农资经营四项备案制度；加大办案力度，打击违法行为，持续保持农资打假高压态势，加大执法查处力度，健全农业执法队伍，加大执法保障，针对突出问题、重点区域开展执法工作；同时坚持依法规范办案，认真落实农业行政处罚案件信息公开，接受社会监督。

（2）推行农产品质量全程可追溯管理。农业部门要推动农产品质量追溯制度的建立和实施，按照从生产到销售的每一个环节可相互追查的原则，逐步建立农产品生产、加工、运输、储藏、销售等各个环节登记制度，为建立农产品质量安全追溯制度创造条件。农产品生产基地、加工企业、农业专业合作经济组织应当建立农产品生产档案，记录使用农业投入品的名称、来源、用法、用量和使用、停用的日期及植物病虫草害的发生和防治情况，加强产品监测，并建立产品合格把关制度，完善不合格产品的处理措施。对产出的农产品要建立完善的质量追溯制度，农产品进入批发市场、储运各环节要有追溯记录，农产品销售者在购进农产品时应当索要农产品质量合格证明，并向农产品购买者出示有关农产品质量的证明。建立进销台账和索票索证制度，实现农产品生产记录可查、产品流向可追踪、质量安全责任可追踪的目标。农产品质量安全监管部门要及时加强农产品质量监管，保障农产品从生产到流通全程可追溯。

（六）深入推进安全绿色优质农产品发展

（1）不断强化农产品认证和监管。①抓好队伍建设。采取举办培训班、现场指导、研讨交流、编制监管实用手册等多种形式，加大对基层监管人员的培训力度和指导力度。②突出抓好试点建设。对试点区域网格化监管区域的有机获证企业逐一进行检查，聘请专家予以现场指导。

（2）深入实施地理标志农产品保护工程，建设核心示范基地。结合当地实际，选用优良品种，建设示范基地。开展传统种质资源保护和提纯复壮试验，开展业务技能培训。通过召开现场会、邀请相关专家授课，并采取引进来和走出去相结合的方式，开展地理标志农产品保护工程业务技术培训，提高生产者绿色生产理念，提升规范操作技能和质量安全水平。

（3）推行食用农产品达标合格证制度，加大承诺达标合格证制度试行力度。对试行品种范围内尚未开具承诺达标合格证的生产主体，各级农业农村部门要督促其按要求尽快试行承诺达标合格证制度，提高试行覆盖率。对已试行承诺达标合格证制度的生产主体，要指导其规范开具，在试行品种上和批次上尽快实现全覆盖，养成常态化开具习惯。要将承诺达标合格证与参加各类展示展销会、参评各类品牌、奖项和项目支持挂钩。将承诺达标合格证制度纳入食品安全等考核内容，落实监管部门工作责任。将试行情况纳入国家农产品质量安全县创建重要内容，督促国家农产品质量安全县率先落实试行要求。进一步加强与市场监管部门的对接，强化食用农产品进入市场的索证索票，明确将承诺达标合格证作为质量安全合格凭证的其中一种，倒逼生产主体自觉开具承诺达标合格证。之前开具产地证明的，要尽快转向由生产主体开具承诺达标合格证。

（4）不断保障农产品质量安全培育，提升农业品牌，坚持以质量为根本，树立品牌形象。

大力推进农业标准化生产，做到质量有标准、生产有规范、过程有监测、销售有标志、市场有监管，打牢农业品牌发展基础。坚持以龙头为引领，助推品牌壮大。积极扶持和培育具有较强辐射带动能力的农业龙头企业、农民合作社、家庭农场等新型农业经营主体，提高品牌化发展意识。实施品牌认证工程，突出抓好品牌建设、品质管理，打造一批富有特色、优质安全的农产品品牌。坚持以质量监管为抓手，保障品牌安全。围绕发展品牌农业，健全完善县、镇、村三级监管体系，加大农产品监管力度，加强农产品质量检测。

第三节　强化农业科技支撑　创新科技引领

一、提升农业科技水平

科技创新是推动农业现代化的核心动力，习近平总书记指出：科学技术从来没有像今天这样深刻影响着国家前途命运，农业出路在现代化，农业现代化关键在科技进步。同时，“政策扶持、产业集群、效率导向、产学研一体化、广域合作、培育宣传”等是当前我国农业科技创新能力提升的主要方向[①]。要坚持把农业科技创新摆到农业农村发展的核心位置，进一步完善政策举措，加大支持力度，加快提升农业科技进步和创新水平，以创新带动转型，促进云南省高原特色农业产业迈向价值链中高端。

（一）加快农业科技创新

推动建立农科教产学研联盟，围绕全产业链科技需求，突出品种创新、良种良法配套、农机农艺结合、资源环境可持续发展、农产品质量安全、农产品加工、冷链物流、防灾减灾等关键领域，组织开展联合攻关，提高技术创新能力。深入推进科技体制改革，推动重点领域项目、基地、人才、资金一体化配置。注重改进农业科技项目组织管理方式，实行“揭榜挂帅”等制度。支持涉农科研院所和高校与企业联合建立农业科技研究中心，跨界跨域合作建立“产学研用”相结合的科技创新联盟。加大支持力度加快省级农业重点企业研究院建设。鼓励有能力的农业经营主体自主创办农业科研机构，支持推进农业农村科技人员创业创新试点建设，设置相应激励政策激励农业农村科技人员创业创新。持续加强云南省现代农业产业技术体系建设，加快构建农技推广机构、高校和科研院所、企业等多元互补、开放竞争、协同高效的农业科技服务体系。全面建立高等学校、科研院所等事业单位科研人员到乡村和企

① 孙长东、陈酉宜：《新时期我国农业科技创新能力评价与提升对策研究》，《中国农业资源与区划》2020 年第 41 卷第 6 期，91-99 页。

业挂职、兼职和离岗创新创业制度，保障其在职称评聘、工资福利、社会保障等方面的权益，支持农业创新。

（二）构建深度融合的技术创新体系

根据云南省高原山区的特点，以产业发展需求为导向、因地制宜地运用科学技术在创新的基础上构建现代化农业体系，加快推动形成产学研紧密结合、分层管理、多元参与的农业科技创新体系。塑造战略科技力量，多措并举提升农业科技创新的综合实力，全面提升创新驱动发展能力和支撑保障能力①。

（三）构建现代化科技服务网络

建立现代化农业科技创新中心，在机制、模式、政策措施上深化改革，探索适合云南省的农业产业化联合体，形成以产业平台为中心，融合新型农业经营主体、农户和市场的新型经营模式，促进创新农业科技成果产业化、规模化。通过不同科技服务主体相互协作与融通，充分发挥现代农业产业园、农业科技园区、返乡创业园的科技支撑引领作用，加强科技创新系统能力整合，构建开放协同高效的农业科技社会化服务网络。

（四）加强农业科技人才队伍建设

（1）依托省级以上创新平台，引进和培养一批具有战略思维、国际视野的领军人才，充分发挥高层次人才在人才队伍建设中的引领作用。

（2）以农业产业化龙头企业为依托，形成一批能够快速转化先进科技成果的产业化人才队伍，培养一批从事现代农业技术示范推广的基层科技人才。此外，引导农业科研院所、农业大学、专业合作组织、龙头企业等强化服务“三农”功能，鼓励科研教学人员深入基层从事农技推广服务；培育职业农民、专业农民，提升农业科技推广应用效能。

二、打造农业科技创新平台

认真汲取国内外生物和农业科技园区建设的经验，按照“政府引导，市场运作，科技支撑，统筹规划，分步实施，滚动发展”的思路，坚持科技与生产、研究与应用、研发与示范“三个结合”；整合科技、政府和市场“三种资源”；搭建科技创新、科技服务、科技成果转化（展示示范、交易、产业孵化）“三类平台”；围绕园区建设的目标，实现人才、项目、产业、资金和市场“五个聚集”。将园区打造为云南省生物和农业高新技术研发和人才培养的辐射源，科研、试验、示范、推广和生产结合的引导区，成为立足昆明、服务全省、面向全国、辐射南亚东南亚的生物及农业创新创业产业园区，迎合国家“一带一路”发展战略需要。

（一）打造生物及农业科技创新平台

通过园区建设，优化和整合园区高校和科研单位现有研发力量和资源，完善现有体系和

---

① 郭恒睿：《云南省农业科技创新资源配置研究》，《价值工程》2016 年第 35 卷第 22 期，51-52 页。

条件，创新机制，搭建支撑产业发展的生物及农业科技创新和共享平台，实现生物及农业科技资源的聚集和高效利用，大幅度提升科技自主创新和转化能力。围绕云南省生物和农业产业发展的全局性、关键性重大科技问题协作攻关，使之成为云南省生物和农业产业高新技术、新产品、新品种的集成研发基地和技术扩散源。

（二）搭建生物及农业科技成果、产品展示交易平台

搭建园区生物及农业科技成果、产品展示交易平台，实现生物及农业科技成果展示交易，优良农业新品种、农用物质与农机、优质农林产品等的市场聚集和规范交易，使之成为生物及农业科技与经济结合的桥梁和纽带，成为面向全省和东南亚的优质农用物质和农林产品超大型集散地、生物及农业科技成果的辐射源。

（三）建设生物及农业科技服务平台

通过园区建设，搭建生物及农业科技社会化服务平台。包括：农业生产环境、农用物质、农产品质量安全检测、监测及认证服务；农业科技、市场信息服务；农业咨询、中介服务；农业司法鉴定服务；知识产权保护服务等，实现农业科技服务聚集。为全省生物和农业产业发展、农民、涉农企业和各类涉农经合组织及地方政府提供方便、快捷、规范的服务。

（四）建设产业孵化功能平台

通过园区建设，搭建农业科技产业转化平台。引进和通过技术辐射带动一批从事生物及农业高新技术、农产品精深加工等领域的现代生物或农业产业的龙头企业，依托园区创新成果，实现跨越式发展，逐步实现产业聚集，带动优势特色农业和生物资源开发产业持续发展。

（五）打造成果示范辐射平台

通过园区建设，搭建生物及农业科技成果示范辐射平台。通过新技术、新品种的集成和区域示范，加快科技成果转化速度，提高转化率，有效推进生物及农业科技进步，提升生物及农业发展整体水平。

（六）建设生物及农业科技人才培养与交流平台

通过园区建设，搭建生物及农业教育全方位实践平台和培训交流平台。提升农林教育的水平和质量，强化农业科技培训，加强农业科技对外合作与交流。

（七）打造城郊生物及农业博览、观光、休闲、科普平台

在拟建园区中适度考虑观光、科普、休闲功能，对已自发形成的旅游休闲区予以规划引导、适度规范，并赋予新的内涵。

三、加快农业科技成果转化应用

科技在现代农业建设中发挥着核心作用，只有不断增强农业科技创新能力，运用现代科学技术改造农业，加快农业科技成果转化、推广和应用，才能提高农业综合生产能力，促进

农民增收，为云南省实施乡村振兴战略和打造世界一流“绿色食品牌”提供坚实的科技支撑。因此，提出大力提高农业科技创新投入强度、大力培育支持农业创新型企业、强化农业科技人才队伍建设、加快农业科技成果转化应用、加大部署建设国家农业战略科技力量、重组构建国家现代农业科技创新体系等完善农业科技创新政策保障体系的建议[①]。

（一）加强农业科技成果推广

（1）加强农技推广项目管理。坚持把全国基层农技推广体系改革与建设补助项目作为改革创新农技推广工作的有效手段，积极探索建立农技推广新方法、新模式和新机制，下大力气强化项目体制机制创新、试验示范基地建设、科技示范主体培育和科技示范平台的建设工作。进一步巩固畅通从“专家→农技人员→科技示范主体→普通农户”的成果转化快速通道，加快农业科技成果的试验示范与推广应用，让农业科技成果惠及千家万户。

（2）加强推广人才队伍建设。依托省 20 个现代农业产业技术体系与云南大学、云南农业大学、红河州农业科技培训服务中心、临沧市农广校和沪滇农业开发有限责任公司等 5 家培训机构，通过统一安排、集中办学、专业指导和异地交流等形式，对全省三分之一以上在编基层农技人员开展集中的脱产业务培训。逐步建立一支懂农业、爱农村、爱农民的基层农技推广队伍，为实施乡村振兴战略提供强有力的智力支撑和人才保障。

（3）加快农技推广信息化建设。充分利用互联网等新媒体的力量，加快推进全国农业科教云平台的安装使用，逐步创建基于互联网平台的多元化农技推广服务方式，扩大服务范围，拓展服务内容、提高服务水平，提升服务效能。给农技推广插上信息化的翅膀，为农村大众创业，万众创新提供可靠平台。

（二）加强科技成果转化应用平台建设

积极推行“产业 + 团队 + 项目 + 基地”模式，加速农业科技成果转化利用。发挥公益性农技推广体系主导作用，加强绿色增产、生态环保、质量安全等领域的重大关键技术示范推广，提升防范应对重大疫情、突发灾害等能力。持续深化科技特派员制度，科技特派员选派从第一产业向产业链后端延伸，突出向农产品加工、电子商务、创意设计等领域拓展。壮大市场化社会化科技服务力量，鼓励发展“农资 +”技术服务推广模式，鼓励企业牵头组织各类产学研联合体研发和承接转化先进、适用、绿色技术，探索并推广“技物结合”“技术托管”等创新服务模式。加强知识产权保护，大幅提高科技成果转移转化成效。创新农业科技成果转化交易机制，加快技术转移中心建设。建立以知识产权和服务业绩为导向的分配激励机制，提高科研人员科技成果转化收益比例。

---

① 高旺盛：《我国农业科技自立自强战略路径与政策取向研究》，《农业现代化研究》2021 年第 42 卷第 6 期，975-981 页。

（三）完善农业科技成果转换政策支持

现代化科学技术改造传统农业，提高农业的信息化、智能化、自动化水平，提高农业产出率、农业素质、效率和竞争力。强化农业科技转化平台的政策保障作用，资金上扶持，政策上支持，同时为平台设立一定的优惠空间，促使农业高质量发展。夯实农业科技成果转化平台金融基础，充分调动社会各界参与农业科技领域的积极性，吸引社会投资，广开筹资渠道，建立长效投入机制。一方面，增加政府对农业科技成果转化平台投入，特别是重大农业项目、重点科技成果转化项目的投入。扩大社会融资渠道，吸引社会金融机构扩大贷款规模，同时保障资金的合理使用。设立农业科技成果转化专项资金、税收等优惠政策，激励农业科技成果转化。另一方面，加强政策支持。例如，覆盖各重点学科、特色学科与交叉学科科技创新平台培育政策，重点支持国家级创新平台发展政策、科技创新团队建设政策、促进科技成果转换政策、保护科技成果转化中的知识产权政策，以及支持高校搭建科技创新平台政策等。

第四节　加快推进农村产业深度融合发展

一、优化乡村现代农业产业体系

（一）构建现代农业产业体系

构建现代农业产业体系就是要从农业单一种养的传统观念中解脱出来，把产业链、价值链、利益链等现代产业组织方式引入农业，推进农村一二三产业融合发展。要实现种养加、产供销、农旅文、一二三产业多元融合。

1. 稳粮增畜促进重要农产品有效供给

（1）完善农业补贴政策，保障农民基本收益，让农民愿意种粮、不吃亏。

（2）增畜。畜牧业是农业的重要组成部分，与种植业并列为农业生产的两大支柱。居民生活水平的提高，对肉蛋奶的需求进一步提升。

2. 发展多类型农村产业融合体

（1）建设国家现代农业产业园。按照“一年有起色、两年见成效、四年成体系”，建成设施装备先进、生产方式绿色、一二三产融合、辐射带动有力的国家现代农业产业园。

（2）建设国家农村产业融合发展示范园。建造特色鲜明、产业集聚发展、利益联结紧密、配套服务完善、示范作用显著的农村产业融合发展示范园，实现多模式融合、多类型示范。

（3）建设田园综合体。打造田园综合体，通过农民合作社为依托，集循环农业和创意农业为一体的综合项目。

（4）建设农村一二三产业融合发展先导区。培育和创建一批产业融合方式先进、经济效益显著、产业集群发展高效、与农民利益联结紧密的融合发展先导区，形成多元化的融合发展新模式新经验。

（二）构建现代农业生产体系

构建现代农业生产体系，转变农业要素投入方式。用现代物质装备武装农业，用现代科学技术服务农业，用现代生产方式改造农业，提高农业良种化、机械化、科技化、信息化、标准化水平。

1. 以高标准农田建设促农业增产

（1）严格执行的高标准农田制度的同时，积极引进“债贷投”相结合的高标准农田建设模式，拓宽建设资金来源渠道。大规模推进农村土地整治和中低产农田改造，稳步提升耕地质量。

（2）完善水利设施，围绕高标准农田建设，加强节水灌溉设施建设和水毁工程修复，解决灌区续建配套、老化失修等问题。加强地表水收集利用，加强与现有灌区渠道连接配套，不断提升水资源利用效率。完善田间道路建设，实现机耕路与乡村公路相连接、主要路段硬质化，满足大中型农机无障碍进田作业要求。强化高标准农田管护，明确管护责任主体，确保管护工作到位。

2. 以农业科技支撑体系建设促进农业增效

（1）加强现代农业产业技术体系建设。采取长期稳定的支持方式，加强现代农业产业技术体系建设，扩大对特色优势农产品覆盖范围，面向农业全产业链配置科技资源。

（2）健全农业科技推广体系。强化基层农技推广体系建设，创新农业科技培训与农业科技入户模式。引导涉农企业、农民合作社、专业化服务组织开展农技推广服务。

（三）构建现代农业经营体系

以土地经营权流转提高农业经营规模化水平，以壮大新型经营主体提高农业经营组织化水平，以建立小农户与现代农业衔接机制提高农业经营市场化水平，以培育农业专业化服务组织提高农业经营社会化服务水平。推进家庭经营、集体经营、合作经营、企业经营等共同发展的新型农业经营体系。

1. 壮大新型农业经营主体，提高组织化水平

加快农业龙头企业培育。通过龙头企业、农民专业合作社、家庭农场等合作经营，以分工协作为前提，健全土地、资金、科技、信息、品牌等资源要素共享机制。完善利益共享机制，积极培育优势互补、利益联结、互惠共赢的农业产业化联合体。

2. 建立小农户与现代农业衔接机制，提高市场化水平

支持小农户在种植生产基础上，充分利用农业、生态、文化等资源，发展特色手工和乡村旅游等，实现家庭生产多业经营、综合创收。加大农产品产销对接力度，开展农超对接、

农校对接、农社对接等多种形式的农产品产销对接活动，引领小农户对接市场。培育适应小农户需求的多元化农业生产性服务组织，积极拓展服务领域，增强有效服务能力。

3. 培育专业化服务组织，提高社会化水平

推动农业社会化服务组织多元融合发展，对保障农产品有效供应及现代农业的建设具有重要作用。积极构建多元融合发展模式。

二、培育新产业新业态

培育新产业、新业态有利于加快转变云南省高原特色现代农业发展方式，开发农业多种功能和多重价值，推进云南省农村一二三产业融合发展，提高农业综合经营效益，促进农民收入持续快速增长。

（一）培育新产业

在培育发展10个优势特色产业的基础上，积极推进特色产业从食物保障、原料供给向就业增收、生态保护、观光休闲、文化传承、健康养老等多种功能拓展。建设一批具有历史、地域、民族特点的特色旅游村镇和乡村旅游示范村，积极发展智慧乡村游。加强农村传统文化保护，推进“历史文化名镇名村”“传统村落”“民族传统文化生态保护区”“民族特色村寨”“民族文化生态旅游村”“生态文化村”建设。积极发展特色农庄、精品客栈、休闲庭院、农家乐、森林人家、乡村民宿、乡村手工业等新兴产业。积极发展以回归自然、感受传统、放松身心等为调养手段的农村健康养生业态。继续实施“云上云”行动计划，建设农业云，加强国家农业农村大数据中心云南分中心、林业大数据中心、林权交易（收储）中心建设，促进现代信息技术应用于农业生产、经营、管理和服务。大力发展农产品电子商务，深入推进电子商务进农村综合示范县建设。

（二）培育新业态

农业业态是指多元要素融合而成的不同农产品服务、农业经营方式和农业经营组织形式。由于农业资源要素的多元性，近年来通过不同方式的资源融合，已催生出多种农业新业态。

1. 大力发展生命农业

生命农业是指在经济和环境协调发展原则下，运用生命学、健康学、营养学等科学原理，遵循人类与自然、动植物与微生物和谐共处的原则，注入生命元素的耕育田园和康养农业。生命农业蕴含丰富的知识体系，包括营养与健康、动植物健康、有益微生物健康、中医药与健康、康养农业等，体现生命科学与营养、健康、道德、农业的关系。发展生命农业有利于引导农业为健康中国、健康全民服务，提高休养生息、生态食材、人类健康的水平。

2. 大力发展垂直农业

垂直农业就是将一个个水平面的种植系统，移入室内并向垂直方向扩展，最大化利用种植空间。种植的蔬菜或粮食也不是生长在土壤之中，而是生长在循环水、甚至是含有养分、水分和氧气的细雾之中。发展垂直农业有利于减少能耗，节约土地资源。

3. 大力发展认养农业

认养农业是近年来新兴的增值发展模式，一般指消费者预付生产费用，生产者为消费者提供绿色有机食品，在生产者和消费者之间建立一种风险共担、收益共享的生产方式。

4. 大力发展生物农业

生物农业是指运用先进的生物技术和生产工艺栽培各种农作物的农业生产方式。其中包括种植业、林业、微生物发酵工程产业、畜牧业等生产项目。发展生物农业对于实现资源的可持续利用有重要作用。

5. 大力发展康养农业

康养农业，就是传统农业的第一产业和第三产业相融合，将农村、农业、农民围绕健康价值升级出的新业态。从农业的历史、文化、自然地理环境、气候资源等条件中挖掘出农业的深层价值，进而打造出新的农业品牌。

三、打造新载体新模式

（一）打造新载体

着力推进以园区为主的平台和载体建设，农村科技园、绿色农业产业园、农业工业园等现代农业产业园为高效农业发展提供高端载体，把打造特色农业园区作为一项核心工程来抓。另外，以农业增效、农民增收、农区增绿为总体目标，全力打造集循环农业、创意农业、农事体验于一体的“一轴一核多点”田园综合体，为推动乡村振兴，加快农业农村现代化发展奠定坚实基础。

（二）打造新模式

发展农村产业多种融合模式，推进政策集成、要素集聚、功能集合和企业集中。

（1）农业“内向”融合。推动种植业与农、牧、渔业内部交叉重组，催生“林下养鸡”“稻田养鱼（虾、蟹）”“稻鸭共生”等模式。

（2）产业“顺向”融合。将全产业链、全价值链等现代产业运营方式引入农业，推动农业与加工流通融合，催生主食工厂化、中央厨房、农商直供、直供直销、个人定制等业态，形成以产业链条延伸为特征的融合类型。

（3）功能“横向”融合。促进农业与文化教育、旅游餐饮等产业融合，让农业有文化说头、休闲玩头、景观看头，实现空气变人气、田园变公园、农产品变商品，形成拓展农业功能、以休闲体验为特征的融合类型。

（4）新技术“逆向”融合。促进农业与信息产业融合，利用互联网催生智慧农业、直播农业、农村电子商务等，形成以信息化为引领的融合类型。

（5）与城镇“万向”融合。在农业产业园、加工产业园、物流配送园和特色村镇等引入社区和城镇元素，促进乡村（镇）融合，催生出特色小镇、美丽乡村、产城园区等融合类型。

第五节 建立健全乡村产业振兴机制

党的二十大提出全面推进乡村振兴，要巩固和完善农村基本经营制度，发展新型农村集体经济，发展新型农业经营主体和社会化服务[①]。云南省在推进乡村产业振兴的过程中，要牢牢把握这个要求不变，建立健全乡村产业振兴机制，推进乡村产业振兴。

一、完善农村集体经济运行机制

（一）建立绩效考核机制

进行目标任务细化量化，明确工作措施、责任主体、时间进度，纳入全省各级、各部门绩效考核和省政府真抓实干、督查激励范围，党政领导班子和领导干部推进乡村振兴战略实际考核范围，在全省上下形成齐抓共管的强大合力。

（二）建立产业保险机制

不断完善适应村集体经济产业特点的多层次、广覆盖的保险体系。扩大产业保险的覆盖面和承保品种，凡是因自然灾害、病虫害等原因造成的产业损失，都应纳入保险赔付范围，提高村集体经济产业抵御自然灾害的能力。

（三）建立奖励激励机制

建立村干部基本报酬加集体经济发展创收奖励薪酬制度，对抓村集体经济成效显著的村主干，按照与当地公职人员当年绩效考核奖金同等标准给予奖励。

（四）建立利益连接机制

建议出台扶持政策，支持社会经营主体与村级集体经济联动发展。对获得政府扶持的经营主体，在一定期限内每年按所获得政策支持金额的一定比例返还给项目所在村，作为村集体经济收入，不断强化村级组织与经营主体的利益连接紧密程度。

（五）建立容错纠错机制

对因市场风险、自然灾害、公共卫生事件等不可抗因素出现的村集体资金亏损的集体经济，经相关部门认定、审查后，可对相关责任人免予追究责任或从轻追究责任，解除干部后顾之忧。

---

① 习近平：《高举中国特色社会主义伟大旗帜 为全面建设社会主义现代化国家而团结奋斗——在中国共产党第二十次全国代表大会上的报告》，http://www.news.cn/politics/cpc20/2022-10/25/c_1129079429.htm，访问日期：2022 年 11 月 10 日。

（六）建立人才培育机制

组建发展壮大村级集体经济专家库，吸纳涉农部门单位、涉农院校的专家，为基层提供精准化服务。继续举办集体经济发展业务培训，着力通过专家辅导，提升村干部发展集体经济的能力和水平。

二、建立健全利益联结机制

（一）创新优化利益联结机制

大力发展农民专业合作、家庭农场等农业经济合作组织，探索“农户＋龙头企业＋经济组织”农业产业化发展模式，推动企农合作由传统的价格支持向产权联结过渡。

（1）鼓励农民以土地等农业生产要素为原始股入股作为股东参与经营、管理，鼓励经济组织以资金、技术等生产要素入股。采取入股分红和利润返还等方式，让农民分享生产、加工、运输等环节利益。

（2）积极引导农业龙头企业与农民合作社、农户建立紧密的利益联结关系，在完善“龙头企业＋基地＋农户”模式的同时，积极推进“农户＋合作社”等模式。通过就业带动、保底分红、股份合作等形式，让农民长期稳定合理分享全产业链增值收益。

（3）扶持一批农业产业化联合体，以龙头企业带动、农民合作社跟进、广大小农户参与的方式联结起来，实现抱团发展。完善“保底收益＋按股分红”、股份合作、订单农业、生产托管、土地流转、劳务合作等利益联结机制，支持依托农业龙头企业带动农民合作社开展农产品初加工，提升绿色化、标准化生产能力，开展绿色食品、有机食品和地理标志农产品创建，加强绿色品牌创建，组织带动小农户开展标准化生产。重点支持县级以上农民合作示范社建设农产品冷链物流设施，促进小农户与现代农业有机衔接，让更多农户分享乡村产业发展政策红利。

（二）建立健全利益联结机制的行为准则

（1）政府涉农职能部门要增强法律意识。以法律、法规形式明确龙头企业、合作社和农民的责、权、利，规范并约束各方行为，使各方从松散的市场交换关系过渡到紧密的利益联结机制。

（2）规范企业和合作社运行机制。包括规范章程和制度、股金设置、组织机构和内部管理机构，使企业和合作社运行有章可循。此外，建立合理的利益分配机制。使企业和农户之间达成长期的合作关系。企业要按现代企业制度的要求，加快体制创新，健全法人治理结构，制度化、规范化运营企业。

三、强化乡村创新创业人才激励机制

建立健全人才创新创业的激励机制，强化一盘棋思维，各部门各司其职，通力合作，形成工作合力。提升乡村人才的聚集度，将乡村能人聚集起来，做到人尽其用、才尽其用。

（一）着力健全科学合理人才评价机制

（1）推进人才评价标准。鲜明“做实事、重实干、强成果转换”导向，破除“唯学历、唯职称、唯论文、唯奖项”倾向，深入挖掘农村致富带头人、创新创业人才，将真才实干的人才选出来、用起来，真正形成能者上、优者奖、庸者下、劣者汰的良好用人局面。

（2）深化人才评价“放管服”。全面推行创新创业人员技能等级制度，推动企业开展技能人才评价。

（3）优化环境“留”人才。环境好，则人才聚、事业兴；环境不好，则人才散、事业衰。出台保障政策，在政策上激励、重点项目支持等人才政策，细化保障等配套制度，打通人才服务“最后一公里”。

（二）着力构筑充满活力的用人机制

（1）优化机构创新创业人员岗位聘用机制。优化农村创新创业人才岗位适配机制，建立人员总量控制、结构比例动态调整机制。

（2）改革创新单位用人机制。打破束缚人才发展的“枷锁”，为人才消除后顾之忧，激发农村创新创业活力。推动形成以合同为基础，以岗位职责为依据，以绩效考核为标准的用人管人机制。

（3）畅通创新创业人才社会流动制度。打破户籍、地域、身份、学历、档案、人事关系等制约，促进城乡、区域、领域、行业之间人才合理有序流动。

（三）着力创新人才培养机制

大力实施农业创新创业人才培育工程，加快构建和完善教育培训、规范管理、政策帮扶、实践养成“四位一体”的教育培养制度体系。紧紧围绕有效实施农业科技提升工程、农业合作社示范创建工程、农民创新创业工程、休闲农业工程等重点工程，加快培养一支能够支撑农业产业经营，懂技术、熟市场、善经营的农业创新型人才队伍。积极拓宽农业创新型人才培养途径，探索将农业创新型人才培养与地方高校、农业企业和社会力量的有机结合，构建全方位、多渠道的人才培养格局。

（四）完善人才创新机制

要坚持农业创新型人才优先发展，形成依靠农业创新型人才推动农业生产发展、在农业生产发展中培养农业创新型人才的生动局面。紧紧围绕提高农业质量和效益，稳定粮食增长和农业可持续发展的核心任务。做好紧紧依靠农业创新型人才，通过全面深化改革，探索建立对农业创新型人才持续支持的财政补贴长效机制、政策支持保障机制、人才发展育人机制、人才使用选拔机制。

（执笔人：骆书发　余雨薇　谭鑫）

第六讲　案例之讲

案例一　永德县乌木龙乡乡村产业振兴案例

乡村振兴，产业兴旺是根本，产业高质量发展是乡村社会高质量发展转型的重要支柱，是乡村经济快速发展的重要途径，是脱贫攻坚的重要手段。习近平总书记指出：“发展扶贫产业，重在群众受益，难在持续稳定。要延伸产业链条，提高抗风险能力，建立更加稳定的利益联结机制，确保贫困群众持续稳定增收。”因此，建立长久有效的产业发展与利益联结机制是实现农民稳定持续增收的根本。

近年来，永德县委、县政府紧紧围绕高质量脱贫退出目标，坚持把产业扶贫作为稳定脱贫的根本之策，产业发展全面实行“双社三绑”联动发展帮带机制，以拓展贫困群众稳定增收渠道，壮大村集体经济。“双社”为“一乡（镇）一联合社、一村一合作社”，“三绑”为“龙头企业与合作社绑定发展、合作社与贫困户绑定发展、合作社与电商平台绑定发展”利益联结机制，注重长短结合和产销结合，打造多元化产业扶贫模式。

一、基本概况

（一）乌木龙乡概况

乌木龙乡位于永德县东北部，位于云南永德大雪山国家级自然保护区山脚下，全乡辖区面积为204平方千米，全部为山区、半山区，耕地面积37091亩，境内山高谷深，自然资源丰富，森林覆盖率高。全乡下辖10个行政村、79个自然村、172个村民小组。2019年末，乡村总户数6680户，乡村常住人口28209人，世居着汉族、彝族、白族、苗族、布朗族、傣族、傈僳族等13个民族，彝族占总人口的73.6%，其中彝族支系俐侎人共有2465户12163人，占全乡总人口的43.12%。

（二）乌木龙乡产业发展情况

乌木龙乡是一个典型的山区乡镇，气候寒冷、耕地多为山地，通过多年的努力，全乡建成了16万亩核桃园，5万亩茶园。因市场因素，近年核桃价格低迷、效益低。在决战脱贫攻坚与实施乡村振兴战略中，乌木龙乡按照“一乡一业”的思路，紧紧围绕培育发展高原特色农业这一目标，坚持绿色发展、协调发展，着力新的经济增长点，抓好核桃茶叶提质增效和培育发展林下魔芋种植。乡党委、政府认真贯彻践行县委提出的“一乡一联合社、一村一合作社”及“龙头企业与合作社绑定发展、合作社与贫困户绑定发展、合作社与电商平台绑定发展”的“双社三绑”利益联结机制。全乡成立了1个联合社，10个行政村分别成立了农民专业合作社，全乡共有2986户农户与10个村级合作社绑定发展。合作社与临沧滇晟农林发展有限公司、永德县银竹茶叶生产有限公司、永德县东旭茶厂等3家企业绑定发展，与电商平台绑定发展。3家企业与合作社签订了技术帮扶、产品收购、资产租赁等多方面协议，实现了农业产业利益联结共同发展。

二、乌木龙乡推进乡村产业振兴基本做法

临沧滇晟农林发展有限公司是一家主营魔芋种植、加工、销售的公司，该公司总部位于临沧市耿马县。乌木龙乡在发展高原特色农业过程中，按照“双社三绑”利益联结机制，于2020年引进该公司到乡内办厂，培训农户在核桃林下规范种植魔芋，收购和加工魔芋，实行“公司+专业合作社+农户”的产业发展模式，带动了农户增收，增加了村集体经济收入，助力了脱贫攻坚与乡村振兴。

（一）企业与合作社绑定，实现魔芋规模化发展

临沧滇晟农林发展有限公司作为技术支持及收购加工主体，与各村合作社签订合作协议，明确产、供、销职责。公司全程做好魔芋产业规划、种植管理、产品收购等工作。同时，引导合作社及农户采取基地化发展、集约化管理、保底化收购的模式。2020年，在乌木龙乡建成魔芋加工厂，该公司累计收购、加工鲜魔芋1200吨，实现工业产值1500多万元，为村集体经济创收16.74万元。

（二）合作社与农户绑定，实现农户增产增收

由合作社牵头，相关部门及企业给予支持配合，定期组织农户开展农业技术培训，培育新型职业农民。在产品收购上，村级合作社与临沧滇晟农林发展有限公司签订供销订单，由合作社组织农户按照公司技术要求做好魔芋种植、管理和采收等工作，公司按市场价格收购并实行保底政策。2020年，临沧滇晟农林发展有限公司带动全乡2986户农户种植魔芋，农户出售商品魔芋及销售种子收入达1000多万元，户均增收3000多元。

（三）企业与电商平台绑定，实现线上线下联动营销

合作社所绑定的3家企业，将相关信息与永德电子商务网、县电商公共服务中心平台对接绑定，及时发布产品信息，提升合作社和农户对市场信息的掌握度。同时，利用多种新媒体宣传平台，开展线上销售，实现了线上线下联动营销。

三、乌木龙乡推进乡村产业振兴经验和启示

（一）产业扶贫要走全产业链发展道路

必须着力打造“全链条、全循环、高质量、高效益”多元化绑定的产业发展路子，促进一二三产深度融合发展。创造出一个“高产、优质、低耗”和“原料＋加工＋营销”的全产业链条，建设农产品“原料生产基地＋精深加工基地＋工业产品研销基地”绑定发展，才能在巩固脱贫攻坚成果的基础上推进产业兴旺。

（二）产业扶贫要发展多元化的利益联结机制

不断创新利益联结机制是农业产业化、产业现代化的关键。“龙头企业＋合作社＋贫困农户＋电商平台”多方参与的紧密有效利益联结机制，是实现农民持续增收，产业现代化发展的重要途径，在各自发挥自身优势的条件下，构建“风险共担、利益共享、合作共赢”利益联结关系。

（三）产业扶贫要走科技创新发展道路

科技创新是产业发展的核心动力。要深化“龙头企业＋先进技术”相互促进的发展模式，积极引进具有先进技术的企业、农业专家，帮助本地龙头企业、合作社和农户不断提高科学技术水平，优化产业内部结构，为发展高效益产业打下基础。

（四）产业扶贫要走可持续发展道路

产业扶贫要做到脱贫不返贫，因此必须要做到产业的可持续发展，要坚持绿色发展、协调发展，要坚决守住生态底线，坚持把生态资源优势转变为经济发展优势，让“绿水青山”变成“金山银山”。

（资料提供：永德县乌木龙乡党委）

案例二　祥云县沙龙镇乡村产业振兴案例

发展优势特色产业是实现产业兴旺的重要抓手和有效实践。地方特色产业相较普通产业而言，更具有市场竞争力，地方特色产业发展是市场需求多元化的需要，不仅能满足大众消费的需求，还能带动区域经济快速发展。因此，要充分利用地方资源，推进产业融合发展，大力发展地方特色产业，带动农民持续增收，实现产业高质量发展。

近年来，沙龙镇依托“康养小镇”这一发展定位，发挥青海湖自然资源优势，持续推进青海湖“旅游+”，推动农旅融合发展，推动休闲度假、农业观光、水果采摘等产业形成互推互助发展模式。立足特色花卉产业优势，扶持推动花卉产业发展，加快农业产业结构调整步伐，大力扶持特色花卉产业，打好花卉特色牌，创新推进农旅融合。谋划“花文章”、做强“花产业”、抓好“花经济”，切实种出了好“钱景”，让村民端上了“金饭碗”。同时，进一步畅通产品销售渠道，加强产销衔接，不断延伸高原特色现代花卉全产业链，形成产业发展、风貌提升、农户增收的“三赢”发展格局，形成因地制宜“花”式发展模式。

一、基本概况

（一）沙龙镇概况

沙龙镇位于祥云县境西部偏中，东与云南驿镇相连，南与弥渡县、云南驿镇交接，西北与祥城镇毗邻，东北与禾甸镇接壤，是祥云县唯一的城郊镇。因镇政府驻地沙龙街北有条沙沟形如蛟龙，故名沙龙，是全县唯一的城郊乡镇。镇政府驻地距县城6千米，全镇土地面积68.53平方千米。境内有祥云县青海湖水库，素有“鱼米之乡”的美誉。全镇辖7个村（社区）57个村民小组，耕地面积18953亩，其中田11887亩，地7066亩，人均占有耕地约0.55亩。与全县其他乡镇相比，地理区位较好，但因人均耕地少，群众主要依靠粮食、蔬菜等传统作物种植来维持基本生计。全镇规模化种植程度低，群众生产所得只能维持家庭日常生活，新兴农业发展步伐缓慢。

（二）沙龙镇产业发展情况

1. 强化党委领导、区域协作，“花文章”谋划有力

2019年，借助沪滇协作项目的东风，沙龙镇积极申报沙龙镇白石岩村浦卉现代农业园区项目，园区规划面积330亩，总投资1500万元。计划发展鲜切玫瑰100亩，万寿菊70亩，非洲菊50亩，种植蜂糖李50亩、蓝莓50亩，以及种苗基地10亩。全面建成后，预计每年可实现农业产值2000万元。加上发展乡村旅游，园区效益将进一步提高。园区一期项目以政府与龙头企业共建、“党支部+龙头企业+合作社+贫困户”的发展模式，由村党总支组

织发动流转土地，本土龙头企业（云南浦卉农业发展有限责任公司）带动投入资金 300 余万元，建成花卉种植基地 50 亩，上海市浦东新区投入援滇资金 200 万元，建设花卉大棚 20 亩、400 立方米供水池 1 个、100 立方米配肥池 1 个、30 平方米管理用房 1 间，产权归村集体所有，由村集体出租给龙头企业进行花卉种植。目前，园区共发展鲜切花种植基地 96 亩，建有单体棚 49 个、连跨棚 4 个。

2. 聚力资源整合、扶贫带贫，“花经济”效益显著

园区项目采用“资金变资产，资产变收益”的发展模式，园区一期的经营利润，由村集体和龙头企业按 40 ∶ 60 的比例进行分配，村集体每年保底收入不低于 14 万元。园区项目主要从三个方面进行带贫。

（1）土地流转。园区一期涉及贫困农户 14 户 41 人，每年土地流转费 1.5 万元；整个园区涉及贫困农户 63 户 247 人，每年土地流转费约 6.8 万元。

（2）劳务用工。一期预计每月用工 900 人次。贫困农户参与务工后，人均每月收入 3000 元左右。

（3）乡村公岗。村集体收入的 30% 部分将用于设置乡村公岗，贫困户按劳取酬。农户实现“四有一无”，即有土地流转金收入、有务工收入、有直补资金、有收益分红、无任何风险。目前，鲜花基本处于供不应求的状态，亩产值可达 5 万元左右，企业共支出劳务费 20 余万元，切实解决了劳动力就业难题。

3. 推进农旅融合、两业互促，“花产业”持续壮大

随着“沪滇协作”项目的深入实施，沙龙镇将创新推进农旅融合，扶持推动花卉产业发展，促进剩余贫困劳动力就业，以浦卉现代农业园区为引领，打造集新品研发、菊苗生产、鲜切花生产、花茶加工、展览展示为一体的花卉产业链。畅通产品销售渠道，加强产销衔接，延伸高原特色现代花卉全产业链，形成产业发展、风貌提升、农户增收的“三赢”发展格局，做精做强特色花卉主导产业。

二、沙龙镇推进乡村产业振兴基本做法

“十四五”时期，沙龙镇迎来全域纳入祥云县中心城市规划建设重要战略机遇期和重大历史机遇期。为进一步做好花卉产业发展规划，创建“一镇一业”花卉产业示范镇，沙龙镇以浦卉现代农业园区的成功经验，在县委、县政府的关心支持下，积极开展招商引资，采取“沪滇协作 + 政企合作”的共建模式，建设申洱花卉产业园基地。

申洱花卉产业园基地项目位于沙龙镇青海湖环湖路边，产业园共建设规划面积 1300 亩的花卉基地，包括核心区 600 亩和扩展区 300 亩及外延区 400 亩。祥云县人民政府计划投入项目资金 3000 万元，项目资金为援滇资金及涉农整合资金；上海虹华园艺有限公司投入资金 4000 万元，项目资金来源为企业自筹。项目分两期建设，一期投资 4000 万元，建设内容包括种苗生产、切花示范种植、盆栽示范种植及相关的部分生产经营配套设施，建成大棚面

积约240亩，目前已开工。划拨40亩土地，用于建设“花园餐厅”，目前已向上级申请立项。二期投资3000万元，计划于2022年建设，建设内容包括国际合作研发基地、科研试验基地、花卉科普培训展示棚、部分生产大棚及其他相关的生产经营配套设施，建成大棚面积约110亩。

项目依照浦卉现代农业园区的成功经验，采取“龙头企业＋合作社＋农户”“龙头企业＋农户”发展模式，通过花卉产业基地，把企业、合作社和农民结成“命运共同体”，有效克服过去一家一户抵御市场风险能力脆弱、产品影响力不大等弊端。为培育新技术、推广新品种提供广阔平台和有力支撑，提升沙龙镇农业市场化、标准化和现代化水平，推动农业高质量发展。把农户的农业产前、产中、产后各个环节联结起来，实现产销一体化、规模化、专业化和集约化，用市场化开拓乡村振兴的新路子。目前，沙龙镇7个村（社区）已分别成立合作社，并发起成立祥云县七馨农民专业合作社联合社。积极建立沙龙人才库，引导和鼓励在外成功人士、致富能人回乡创业，加入专业合作社，参与、支持农村经济发展，把合作社打造成为农户与龙头企业联结的纽带和利益协调的主要渠道。

沙龙镇申洱花卉产业园基地项目建设完成后，年产值能达到3900万元以上。通过土地流转，能让群众每年直接增收120万元以上，固定资产享有方集体每年增收180万元以上。此外，还能带动劳动力就近就业，年内创造就业岗位500多个，产业园预计长期用工80余人，其中能带动建档立卡贫困户就业人员27人以上，有效带动群众就业增收1800万元以上。通过花卉产业园基地项目实施，持续改善人居环境，着力推进生态振兴。

“十四五”时期，沙龙镇将大力挖掘青海湖及周边旅游资源，深入推进乡风文明建设，依托青海湖自然景区基础，以“旅游＋”为抓手，倡导“以企带农”，带动周边群众通过旅游产品开发和特色小吃经营，推动农村产业结构调整转型升级，打造“花卉＋蔬菜＋水果”观光采摘的立体农业发展模式。全力配合青海湖水生态综合治理项目，依托青海湖、环湖河道旅游资源优势，统筹青海湖周边花卉观光资源、绿色蔬果采摘农业资源、青海湖儿童游乐园、千娇生态游乐场资源。持续巩固湖畔片区“农旅结合”“文旅结合”发展模式，推进青海湖生态湿地公园项目建设，健全集绿色农业、观光农业与休闲旅游为一体的观光农业产业体系，打造集健康生活、休闲娱乐、观光旅游、生态宜居为一体的康养小镇，加快祥云后花园建设步伐。

三、沙龙镇推进乡村产业振兴经验和启示

（一）发展地方特色产业要加强组织引领

党的基层组织肩负着党在农村的全部工作和战斗力的实施和部署重任，也是乡村振兴战略目标尽早实现的生力军和根本保证。基层组织是激发农民内生动力的关键，强有力的基层组织能协调带动特色产业发展，整合发展资源，带领地方经济快速发展。

（1）要发挥好支部的凝聚引领作用和党员的示范带动作用，为乡村振兴提供坚强的政策保障和组织保障。

（2）要立足各地实际情况，策划研究好今后的产业发展方向，加强对脱贫群众和边缘户的监测，摸清家庭收入是否稳定、帮扶措施是否延续等实际情况，做到存在问题当即发现、当即解决。要聚焦产业发展，注重挖掘优势资源，积极培育特色产业，推动特色农产品品牌化、规模化、产业化发展，全面助力乡村振兴，增强发展信心，凝聚发展力量。

（二）发展地方特色产业要坚持市场导向

市场需求是特色产业得以发展壮大的主要动力，要不断探索特色产品精深加工方式，完善生产、存储、销售产业链，进一步增加特色产品的附加值，才能给当地群众带来更多收益。沙龙镇以“旅游+”为抓手，倡导“以企带农”，在迎合市场需求的条件下，开发旅游产品、经营特色小吃、创新产业发展模式，不断推进特色产业优化升级。

（1）要立足特色资源对产品市场进行深度挖掘，做到人无我有、人有我优、人优我精，避免出现特色产业同质化现象。

（2）要扩大绿色农产品供给，发挥产业优势，做大做强加工业，提高加工层次和水平，让资源优势成为富民强市产业。鼓励市场主体做好产品品牌、企业品牌、区域品牌培树和保护工作，提升品牌市场价值。

（三）发展地方特色产业要坚持融合发展

（1）要从制度、政策及机制等方面推动构建农业全产业链和现代农业产业化集群，尽可能把整个农业产业链留在乡村，实现由“一产独秀”向“一二三产业融合”的转变，才能为当地发展新产业新业态创造更大空间。沙龙镇以“农旅结合”“文旅结合”的发展模式，不断构建创新农业产业体系，优化生态环境，充分利用当地自然资源的同时，带动当地经济发展。

（2）还要推动主体的融合，要以联合体以利益联结为纽带，形成分工合作、优势互补、互惠互利的新型农业经营组织形式。通过稳定的利益联结机制，联合体各方形成了“你中有我，我中有你”的一体化格局，更加紧密地联合在一起。

（资料提供：祥云市沙龙镇党委）

案例三 广南县乡村产业振兴案例

“一县一业”“一村一品”，以规模化、产业化发展带动地方特色农业发展，实现农业提质增效，在进一步凸显优势的同时，释放出强劲的生产力。要立足于自身优势，抓住优势乘胜而上，做强产业；要坚持政府引导，社会共同参与，激发群众积极性；要坚持市场为导向，完善利益联结机制，带动农民持续增收。

一、基本概况

（一）广南县概况

广南县隶属文山州，是一个典型的山区县，因地处广西直隶州之南而得名，莲城作为省级历史文化名城，是其政治经济文化中心。广南县矿产资源丰富，已发现锑、金、水晶、重晶石、冰洲石等 30 余种金属和非金属矿藏。全县土地面积 7810 平方千米，居全省第三位，有 18 个乡镇和 2 个国有农场，耕地面积 62.4 万亩，其中田 22.2 万亩，地 37.7 万亩，人均占有耕地面积 0.84 亩。从广南县土地利用现状来看，土地资源相对比较丰富，但人均占有面积较少，人地供需矛盾突出。半山区面积大，坝子比例小，低产田地比重大，约为 25.3 万亩，占耕地面积的 42%。尤其是瘠薄地，比重高达 40%。石漠化面积不断扩大，土地垦殖率普遍较低，肥料施用结构不合理，导致生产力还较为低下。因此，必须大力治理中低产田，积极开发宜农荒地资源和山区土地资源，对沙化和水毁等耕地进行综合治理，加强对农业用地资源的宏观调控与管理，采取多种途径和措施保持水土，合理利用和保护耕地，从而促进农、林、牧、渔全面协调可持续发展，实现农业增效、农民增收、农业发展的最终目标。

（二）广南县产业发展情况

多年来，广南县因为交通闭塞，圈养着“黄金牛”——当地熟见、外界难见的广南高峰黄牛，却不知其价“堪比黄金”。广南高峰黄牛是文山牛的俗称，于 1987 年载入《云南省家畜家禽品种志》，于 2011 年被国家畜禽遗传资源委员会认定为地方品种并收录于《中国肉牛品种资源志 · 牛志》，是云南省“六大名牛”之一。广南县是《国家肉牛优势区域布局规划》中西南优势区县（市）之一，是高峰牛的主产地和保种区。2017 年，全县牛存栏 41.52 万头（其中黄牛存栏 27.18 万头），居全州第 1 位，全省第 2 位。2014 年 8 月，广南高峰牛牛肉经国家肉牛牦牛产业技术体系岗位专家鉴定，牛肉品质达到高档牛肉 A3 级标准。这是广南县的财富，是广南县的主导优势产业之一，更是广南县精准脱贫重点依托的产业。

近年来，广南县坚持把高峰牛作为“一县一业”主导产业进行重点培育，加快形成从生产、加工、销售和品牌文化创建等全产业链开发格局，构建覆盖北上广等发达地区的销售网络体系，努力把广南高峰牛打造成为享誉国内外的高档肉牛品牌，建成辐射东南亚国家的重要中心、中国西部地区特色高效生态肉牛产业化养殖样板县、全省最大的肉牛产业基地。特别是精准脱贫攻坚启动以来，广南县在加快高峰牛产业培育发展的基础上，通过“三个依托”，着力在产业覆盖带动建档立卡贫困户脱贫上下功夫，产业扶贫取得一定成效。

二、广南县推进乡村产业振兴基本做法

（一）依托政策激励

为激励各方发展高峰牛产业、带动贫困户脱贫致富，广南县出台了高峰牛产业扶贫奖励政策，有效激发龙头企业、新型经济主体、档卡户发展高峰牛产业积极性。

（1）建档立卡贫困户参与高峰牛产业发展，每户可申请高峰牛发展专项资金 0.5 万 ~1.0 万元（按养殖 1 头能繁母牛申请 0.5 万元计），申请资金以实物（活牛）的形式通过带动主体发放给贫困户进行散养或以现金投入到带动主体进行集中养殖合作，专项资金滚动使用。同时，建档立卡贫困户在获得 1 万元产业专项资金滚动使用以外，可申请一定数额的小额信贷，使有条件的散养户高峰牛饲养量增加至 10 头左右，从而实现家庭养殖规模效应和家庭单位劳动力产业就业，真正实现产业带动脱贫。

（2）散养贫困户可享受出栏补助 500 元 / 头、厩舍补助 2000 元 / 户、保险补助 200 元 / 头及青贮玉米补助；带动主体享受新增犊牛补助 500 元 / 头、保险补助 100 元 / 头、青贮玉米收储补助 60 元 / 吨及贷款贴息等；带动主体可获得合作社最高 500 万元、企业最高为 3000 万元的贷款贴息。

（3）所有饲养的高峰牛须购买 200 元 / 头的肉牛保险，保额为 5000 元 / 头，既保证了专项资金使用安全，也保障了出险后的后续发展。通过政策激励，共有 2 家龙头企业、25 家合作社参与高峰牛产业扶贫，5014 户建档立卡户参与高峰牛养殖。

（二）依托龙头带动

以云南谷多农牧业有限公司、云南牛旭农牧开发有限公司为龙头，全县 141 个规模养殖场（合作社）为补充，搭建建档立卡贫困户融入现代产业化发展平台，有效带动建档立卡贫困户增收。

（1）在合作模式上，围绕龙头企业全产业链开发为主线，以新型经营主体带动建档立卡贫困户为突破口。采取“村党支部（村集体经济）+ 龙头企业 + 养殖合作社（场）+ 贫困户 + 基地”的合作模式，通过集中养殖或分散养殖的合作方式参与高峰牛产业发展，参与集中养殖的档卡户可以通过入股分红、种植青贮玉米、土地流转、劳务合作等多个方面增加收入，参与分散养殖的档卡户可以通过增加饲养量、厩舍补助、保险补贴、奖励补助等实现增收。

（2）在产销分工上，龙头企业负责产后环节的屠宰加工及销售，合作社及农户负责生产的精细分工，按照“种公牛集中选育、母牛分户扩繁、肉牛集中规模育肥”的养殖模式，

采取“龙头公司 + 合作社 + 建档立卡贫困户”产业循环技术路线。由龙头公司选育优质种公牛提供给合作社（养殖场），合作社负责组建基础母牛群进行扩繁，并选出优质母牛、架子牛提供给贫困户，贫困户充分利用全县草地资源、放牧资源等优势养殖繁殖母牛，然后将产出的犊牛或架子牛交给养殖水平更高的合作社进行强化育肥，贫困户还可种植青贮玉米提供给合作社，从而实现了各个环节充分发挥优势的产业化分工，达到效益最大化。

（3）在服务保障上，由龙头企业负责提供优质种牛、养殖技术、屠宰加工、品牌打造以及销售服务。在技术支撑上，以省高原特色农业研究院、广南县肉牛试验站等为依托，州、县畜牧技术推广站为基础，充分利用龙头公司原种场、专业育肥基地、屠宰加工厂及销售网络、餐饮服务公司等先进管理经验及科研成果，进一步建立和完善高峰牛良种繁育体系、产业技术体系、草料支撑体系、屠宰标准体系、品牌战略体系、市场营销及网络体系，切实为产业提质增效提供技术保障。

（4）在风险防控上，采取新型经营主体带动，档卡户参与高峰牛产业发展须签订从龙头公司到新型经营主体（带动主体）到档卡户的合作协议、订单收购协议，建立完善合作各方的利益联结机制，保障产业健康发展和贫困户持续稳定增收。通过龙头企业、合作社带动建档立卡贫困户发展高峰牛产业 5014 户，年户均增收约 2000 元。

（三）依托集体主导

充分发挥基层组织堡垒作用，结合村集体经济发展，带动贫困户增收。通过实行“政府 + 农投公司 + 龙头企业 + 金融机构 + 保险公司 + 养殖合作社 + 村集体经济 + 贫困户”产业投融机制，在实施高峰产业扶贫项目中，村集体经济组织辖区档卡户申请财政扶持资金，投入到高峰牛产业扶贫合作项目，财政扶贫资金产生的收益由村集体经济和贫困户共同享有，每个合作带动期限 10 年。前 5 年，资金收益中，村集体经济占 10%~20%；5 年合作期满后，可继续合作或由带动主体返还专项资金到村集体经济发展产业或回到农投公司，返回农投公司的资金由县级统筹使用于全县农业产业发展，实现专项资金滚动使用，不断提高财政扶贫资金效益。

莲城镇岜夺村——作为“政府 + 农投公司 + 龙头企业 + 金融机构 + 保险公司 + 养殖合作社 + 村集体经济 + 贫困户”产业投融机制的示范点先行，实施高峰牛产业扶贫项目，年度资金收益 50 万元。其中村集体经济占 5 万元，151 户贫困户占 45 万元，制定收益资金管理办法，对贫困户进行年度考核，根据考核结果细化贫困户分红额度，不搞平均分配，村集体（村委会）对项目运行进行全程监督管理，确保项目安全运行；5 年后，所有资金收益 50 万元由村集体进行分配，村集体经济组织分红资金主要用于产业发展、村集体公益事业建设、特殊困难户救助、贫困学生奖励、模范人物（先进事迹）奖励、公用经费支出等。同时，采取“发动建档立卡贫困户种植青贮玉米 150 亩，村集体经济组织流转贫困户 300 亩土地给带动主体种植青贮饲料，优先安排贫困户劳动力作为养殖基地临时性用工，村集体经济资金收益设定一些公益性岗位提供给档卡户就业”方式促进建档立卡贫困户多渠道增收。岜夺村试点经验已在莲城、旧莫、八宝、五珠、者兔、者太等乡镇得到逐步推广。批复实施高峰牛产业项目 20 个，带动贫困户 5014 余户，投入扶贫资金达 4294.35 万元。

（四）致富发展模式

1. “优惠出售 + 保护价回购 + 建档立卡户”模式

为激励建档立卡户积极参与养牛致富，企业通过引导建档立卡户利用政府帮扶资金到公司领养 1~2 头牛，公司再派出专门技术人员全程跟踪防疫和养殖技术指导，入村入户开展培训，确保引种的肉牛顺利成长，如期出栏，公司再以低于市场销售价格 4 元 / 千克提供给建档立卡户，同时又以高于市场 6~8 元的保护价回购。建档立卡户每养 1 头牛按 400 千克计算，获得扶持差价在 3200 元左右。贴心服务，真情帮扶，让养殖户积极性大大提高。2017 年计划扶持 2000 户共 2000 头牛。

2. “利润反哺 + 建档立卡”模式

牛要出栏怎么办？怎样使养殖户获得最大收益？为进一步鼓励建档立卡户积极向公司交售肉牛，公司视肉牛养殖质量和牛肉级别从公司销售利润中提取 20% 的奖励基金对建档立卡户进行奖励和反哺，这于其他收购牛肉商贩而言，是做不到的。

3. “产业资金抱团发展 + 物资补助 + 保险 + 建档立卡户”模式

将建档立卡户产业发展到户扶持资金 5000 元集中到企业或与企业建立合作关系的养殖合作社，由企业或合作社与建档立卡户签订至少带动 3 年的合作协议，企业或合作社分 3 年对养殖建档立卡户提供饲料及防疫药品并购买保险。确保建档立卡户养得好、有效益，从犊牛出生、饲料配方、卫生防疫、保险管理等一系列过程提供技术指导跟踪服务，第一、二年分别补助 2000 元，第三年补助 1000 元。

4. “免费提供饲种 + 订单回收 + 建档立卡户”模式

公司针对建档立卡户免费提供饲用玉米种子，每千克 12.8 元，每亩需 3 千克，共计 38.4 元。购买 9000 千克向周边农户发放种植，同时以 380 元 / 吨价格进行订单收购，确保种得出，有效益。减去成本后，可为建档户每亩收入 720 元左右。

5. “入股分红 + 建档立卡户”模式

公司深入周边村寨大力宣传，积极鼓励建档户办理产业发展小额贷款入股参与合作社经营，建档立卡户不承担任何风险和利息，由企业负责偿还本息，并按年 8% 保底分红。2016 年共带动 163 户参与公司经营，入股资金 815 万元，共分红 65.2 万元。

6. “劳务用工 + 建档立卡户”模式

公司养殖场、草场、加工厂劳务用工优先聘用有劳动力的贫困户务工就业，并实行人均每天工资不低于 70 元标准，2016 年共安置建档立卡户到养殖场稳定务工 73 户 80 余人。

三、广南县推进乡村产业振兴经验和启示

（一）“一县一业”要坚持主导产业发展，推动产业品牌化

市场经济是竞争经济，更是品牌经济，品牌是竞争力的核心。地方产业发展要以主导产业为核心，大力发展产业品牌，突出品牌在市场中的引导作用，实现产业的品牌化，做到产业区产业带。

（1）要引导农业龙头企业，实施品牌提升行动。为了充分发挥地理标志、商标品牌对优化农业产业结构、带动区域经济发展和促进“三农”工作的重要作用，对标乡村振兴战略和高质量发展需求、发展规划，组织专业合作社申报商标品牌运用促进工程。

（2）积极向农企宣传政策，邀请专家进行实地考察和培训，开展品牌的培育、传播等工作，切实提升品牌价值，提高品牌竞争力，使商标品牌走出国门。

（二）“一县一业”要推动产业组织化

以延长、创新、拓展产业链为导向，以龙头企业、合作社、贫困户为主体，实现多元化的紧密结合，形成“龙头企业＋合作社＋贫困户＋”的联合体，不断完善利益联结机制的同时，实现产业组织化。

（1）农村党组织要发挥好领头雁作用，转化政治优势，引领产业组织化发展，因地制宜选准产业路子，因人因事确立联结机制，量体裁衣组建产业组织，走出一条适合村情实际、切合市场发展、符合群众意愿的产业组织化之路。坚持阳光公开，将产业组织运营活动纳入村民大会议事议题、村委监督委员会监督事项、党员村干日常管理、村务公开重要内容，并通过选聘群众监督员、网络微端等手段，以无缝化、常态化监督实现产业组织化阳光运行。

（2）强化产业组织化智力支撑，统通过技术人才组团服务、点单培训、联点帮扶等举措，实现产业发展科技服务全覆盖。面向农村产业组织骨干群体开展针对性、系统性的跟踪培训，使其成长为职业经理人、产业经纪人。

（三）“一县一业”要推动产业规模化与专业化

以龙头企业为核心，发展标准化规模生产示范基地，引导龙头企业以入股、合作等方式，带动小散养殖场户升级改造。鼓励龙头企业开展村企合作，统一规划建设标准化畜禽栏舍，统一饲养技术规范、动物疫病防控和粪污处理利用措施，建设高效安全、绿色环保的标准化集中养殖小区，以此带动和推进标准化规模养殖。以技术推广站、试验站、研究院依托，深入养殖场了解养殖情况，针对现存的问题进行梳理，进行养殖、加工等技术指导，带动农户增收致富的同时，实现牛肉产业的规模化与专业化。

（资料提供：广南县乡村振兴局）

案例四　昭阳区永丰镇乡村产业振兴案例

习近平总书记指出，乡村振兴从来不是另起炉灶，而是在脱贫攻坚的基础上推进。脱贫攻坚与乡村振兴的有机衔接，要有机地从“脱贫攻坚”过渡到“乡村振兴”，从“两不愁、三保障”过渡到“产业兴旺、生态宜居、乡风文明、治理有效、生活富裕”，实现从产业扶贫到产业振兴转变。以产业发展为重点，发展多种形式规模经营，提升市场竞争力，作长链条，转型升级，构建现代农业产业体系，推进脱贫攻坚与乡村振兴多元化有机衔接。

一、基本概况

（一）永丰镇概况

永丰镇位于云南省昭通市昭阳区南郊，位于昭阳城区南郊 9 千米处，镇政府驻地新民村，213 国道由南向北经境中部，辖区总面积 91.43 平方千米，有耕地 3.9 万亩。东与守望乡相连，南与布嘎乡接壤，西同苏家院接界，北跟十城、蒙泉两乡毗邻。因其独特的区位和交通优势，素有昭阳区“南大门”之称。国家级文物保护单位龙云家祠、省级文物保护单位卢汉家祠均坐落于此。全镇辖区面积为 91.4 平方千米，下辖 2 个村民委员会、6 个社区居委会，33 个自然村、121 个村（居）民小组，居住着汉族、回族、彝族、苗族、白族、壮族、纳西族 7 个民族，有农户 16557 户 52803 人。其中，建档立卡贫困群众 2398 户 8620 人，已全部实现脱贫出列，顺利通过国家扶贫成效考核和普查。

当前，永丰镇被作为全省 5 个省级乡村振兴园之一来进行打造，迎来了前所未有的发展机遇和大发展快发展的黄金时期。永丰镇将会抓紧谋划全面推进乡村振兴，做好巩固拓展脱贫攻坚成果同乡村振兴的有效衔接，加快发展乡村产业，夯实现代农业发展基础，全面启动乡村建设行动，推进农村经济融合发展，加强和改进乡村治理，强化组织领导，确保实现“十四五”起好步、开好局。

（二）永丰镇产业发展情况

永丰镇的贫困，“贫”在产业，“困”在发展。为彻底打破制约发展的瓶颈，全面解决群众的贫困问题，永丰镇以“种植规模化、养殖园区化、一村一品”的发展思路，着力提质增效第一产业，将苹果、蓝莓、核桃等为代表的绿色产业做特、做优、做大、做强。加快土地流转进度，打造以 3 万亩高产苹果、3 万亩优质核桃、1500 亩蓝莓种植为主的城郊休闲观光农业产业带。以每年出栏 1000 头肉牛的伯格勒黄牛养殖基地和年出栏 3 万头生猪的天赐名猪养殖场为龙头，促进全镇养殖业规模园区化发展，带动群众通过发展养殖业增收致富。

结合永丰镇近郊优势和交通优势，依托绿荫社区万亩荷田和永丰水库等资源，大力发展庄园经济，打造了秋甸蓝莓庄园和锦逸农庄等一批特色农业庄园。

二、永丰镇推进乡村产业振兴基本做法

（一）“龙头 + 品牌”，实现互利共赢

1. 以外地龙头企业为依托，组建本土龙头企业

引进国家级农业产业化重点龙头企业陕西海升集团注册成立了昭通海升现代农业有限公司，并由昭通海升现代农业有限公司出资 70% 和昭阳区农业投资发展有限公司出资 30% 共同组建成立了昭通超越农业有限公司，成为本土的农业龙头企业。

2. 通过土地流转，高标准建设万亩果园

昭通超越农业有限公司在永丰镇新民社区流转土地 10000 亩，建设国家级苹果种植示范园，并在 3 年内发展到 5 万亩，打造中国南方冷凉高地优质苹果生产基地，助力产业脱贫攻坚。

3. 实施品牌化战略，推进农业品牌化发展

根据集团确立的打造中国果蔬领域高端品牌战略，在成功打造“昭阳红”昭通本土苹果品牌的基础上，昭通超越致力于全产业链融合的发展模式，业务涉及果蔬育苗、现代化种植、果品仓储物流、生鲜销售、果蔬多元化产品精深加工、现代农业观光旅游等。着力打造多元化融合、品牌化运营的现代农业集团，将对永丰乃至昭阳的苹果产业发展带来深远的影响。

（二）“土金 + 劳金 + 股金”，实现成果共享

（1）通过实施土地流转，公司与群众签订承包协议，承包费用为前 5 年每亩每年 900 元（5 年后每亩每年增加 200 元）。2000 余户群众每年承包费用达 900 万元，户均土地流转收入超过了 4000 元。

（2）园区建成后，吸纳了本镇建档立卡贫困户劳动力进入庄园务工。长期在园区务工群众达 1300 余人，每人每年可实现务工收入 1.4 万 ~1.8 万元，全年可实现 1800 余万元的务工收入。

（3）结合广东东莞、中山对口协作扶贫劳务输出，组织剩余劳动力外出务工 300 余人，人均年收入超过 4 万元。

（4）采用种植托管模式，在园区管理经营中，通过把当地农户培养成为种植能手后实施种植托管。按照人均托管 50~100 亩园区苹果，负责机械化操作以外的人力工作，托管费是每亩每年 700 元，年均收入可达 3.5 万 ~7 万元。

通过上述举措，流转土地范围内的 2000 余户群众户均收入达 5 万元左右，有效保证了群众脱贫致富奔小康。例如：新民社区 14 组群众丁尊明家原来种植了 5 亩烤烟，年收入在 1 万元左右。土地全部流转后，每年土流转费用为 4500 元，其妻子进入园区务工，年收入可达 1.8 万元；其本人进城务工，年收入在 3 万元左右；其一家人年收入达 5.2 万余元，较之流转前有了很大的提升。

（三）“党支部＋合作社＋公司＋基地＋农户（贫困户）”，实现脱贫共带

1. 发挥支部引领作用

遵循“绿色生态、标准示范、产城融合、城乡一体、跨越发展”的基本理念和“良种良法、高度组织化”和“党支部＋合作社＋农户”三个全覆盖的农业产业扶贫总体要求，采取“党支部＋合作社＋公司＋基地＋农户（贫困户）”的发展模式，产业布局到哪里，支部跟进建到哪里，为国家级万亩苹果产业扶贫示范园的建设提供了坚强保障。

2. 发挥党员模范作用

“政治路线确定以后，干部就是决定因素”，新民社区党总支正是在74岁的老支书马光数同志的团结带领下，身先士卒、率先垂范，先把自己家属、近亲属的土地流转过来，接着引领党员干部冲锋在前带头流转、领着群众流转。

3. 转变群众发展观念

新民社区坚持以“用心贴近群众、用勤解决民困、用脚丈量民生”的务实作风，不分白天夜晚、天寒地冻，通过院坝会、田间会、板凳会等形式向群众作深入细致的宣传动员，实现了党组织说话有人听、党组织做事有人跟的实际效果，让群众从根本上意识到致富关键是思想转变。仅仅用了2个月左右的时间，就将1万余亩土地从农户流转过来，提供给海升集团赶上节气进行园区建设和苹果种植。

党支部依托组织部门发展壮大村集体经济扶持资金20万元，支持合作社入股昭通超越农业有限公司，以实现保底分红3.5万元的村集体收益。解决村集体过去无钱办事的困难。

（四）“一产＋二产＋三产”，实现稳定脱贫

1. 一产多元有规模

通过规模化种植和示范引领，本年度已带动133户建档立卡贫困户和周边群众种植苹果3000余亩，彻底改变了该片区长期以来以种植烤烟为主的种植结构，为产业转型升级迈出了坚实步伐。例如：新民社区17组群众陈太山家原来种植了6亩烤烟，一家5口每年需起早贪黑干10个月的时间，年纯收入为12000元；目前在海升集团带动下，全部改为种植苹果，预计丰产后年收入可达40000元以上。

2. 二产延伸有保障

随着万亩苹果产业示范园建设的推进，依托昭通超越农业有限公司投资2.5亿元在园区建立工业板块，实现果品仓储物流、生鲜销售、分拣包装、果蔬多元化产品精深加工等产业。通过设立生态观光走廊、果实采摘区、游览体验区、民俗生活区等五大模块，将建成为农业观光田园综合体，将农业与旅游业相结合，使示范园成为年收益最大化，社会效应最优化的现代化农业园区。同时，社区“两委”牵头成立了昭阳区百涛种植农民专业合作社，涉及土地流转的农户和全村206户建档立卡贫困户一同加入合作社，在合作社组织下进入园区务工，实现了在党支部引领下共同致富。其中206户建档立卡贫困户中有160余人长期在园区务工，预计年人均务工收入可达1.8万元以上，有效保证脱贫。

3. 三产兴旺有后劲

依托昭通超越农业有限公司创办“农业田间大学”，广泛开展实用技术培训、科研交流和技术推广，大力培养种植管理能手，推广绿色产业高效实用技术。预计通过打造农旅综合项目实现年增收 2000 万 ~5000 万元。同时带动周边群众发展庭院经济，大力推进乡村旅游业发展。把园区建成集农业生产、产品加工、乡村旅游和农业科技推广应用为一体的现代农业田园综合体，最大限度发挥出产业精准扶贫的实效。荒冲片区依托昭通超越农业有限公司精品种植园区和生态养殖，已有 5 户群众正在筹备建设农家乐，大力发展庭院经济，促进乡村旅游发展。

三、永丰镇推进乡村产业振兴经验和启示

（一）产业发展要依靠龙头企业的引领

龙头企业是构建现代农业产业体系的重要主体，是推进农业产业化经营的关键。要突出龙头企业作为产业集群主引擎的作用，龙头企业利用资本、技术、人才等生产要素提升集群化发展水平，打造龙头引领、关联配套、专业分工、协作发展、社会化服务的产业集群格局。实施工业（产业）园区标准化建设，支持龙头企业参与相关园区建设，打造一批功能完备、宜居宜业的示范标杆园区和产业发展高地，对考核优秀的试点园区按照正向激励机制给予一定奖励，采用“一企一策”的方法对试点园区的重点产业项目及配套项目给予一定比例的财政资金扶持，带动农户发展专业化、标准化、规模化、集约化生产。昭通超越农业有限公司的成功组建，10 万亩产业扶贫示范园区的成功打造，全新的种植和管理模式，打造了“农业产业化”成功典范，奠定了大产业的顶天立地的支柱地位。

（二）产业发展要加大劳动力转移，实现劳动力要素合理分配

通过实施土地流转，变群众零散种植为规模化种植，产业规模化发展后，群众不再局限于自家的一亩三分地，把劳动力从土地上解放出来。

（1）群众可以就近务工。

（2）通过实施劳动力转移就业。通过实施技能培训，提升劳动力素质，全面增加群众收入，确保群众收入水平稳步提升。①强化组织领导，制定方针、政策。县委、县政府将培养新型农民，推动农村富余劳动力转移作为新农村建设的主要内容，要求各单位、各部门、各乡镇要提高认识、形成共识，进一步增强做好农村富余劳动力转移工作的责任感和使命感，把农村富余劳动力转移工作牢牢抓在手上，切实加强对农村劳务输出开发工作的领导，明确具体责任和工作人员，研究制定农村富余劳动力转移的方针、政策、工作目标及优惠政策，特别是制定相应的奖惩机制，以促进农村富余劳动力转移工作的健康快速发展。同时，加大了对农村劳动力转移先进典型经验的宣传力度，帮助农民拓宽思路，消除顾虑，使外出务工，增收致富成为广大农民的自觉行动。②依托市场导向，开展技能培训。通过加强劳动力的技能

培训，提高劳动者素质和应用科技的能力。将培训导向与劳动力市场需求紧密结合起来，坚持定向培训、订单培训，切实提高培训的就业率。加强与用工企业、部门或单位的劳务供需联系，根据用工订单需求，按照国家职业标准和对不同行业、工种、岗位的要求，做好订单培训，并对农村富余劳动力进行专业技能培训，使他们能够适应订单岗位的要求。③加快经济发展，实现就地转移。

（三）产业发展要坚持推进产业融合，着力打造特色产业

（1）主推地方特色产业，注重典型引路开新局，加强分类指导。因地制宜，积极探索和总结产业融合发展的好经验、好做法，树立一批典型，形成一批可复制可推广的案例模式，带动其余产业有序融合进来，多主体培育、多要素发力、多利益联结。

（2）加强政策扶持力度。①促进要素市场化配置，坚持以市场需求为导向，使市场在资源配置中起决定性作用，以供给侧结构性改革为重点，更好地整合资源要素、优化产业布局。②健全政策体系，围绕产业融合发展目标，加强政策和制度建设，明确政策支持重点，增强政策的系统性、精准性、有效性。③强化政策执行，落细落实土地出让收入优先支持乡村振兴的财政政策，形成乡村振兴投入稳定增长的长效机制。通过采取农村闲置宅基地整理、土地整治等措施，新增的耕地和建设用地优先用于农村产业融合发展。

永丰镇产业发展的整体思路是：做强一产，做优三产，推进一二三产融合发展。按照这个思路，在苹果这个大产业支撑的基础上，实现了草莓、蓝莓、葡萄、火龙果等小产业铺天盖地，打造出亮点和特色，真正实现“一村一品”，达到人无我有、人有我优、人优我特，吸引人气，提升经济价值，实现巩固脱贫成效与乡村振兴的有效衔接。

（四）产业发展要以引进、挖掘、培育人才为抓手

（1）广聚人才就业。通过“筑巢引凤”，支持农民工、大学生、科技人员和退伍军人返乡创业，成为“生力军”。

（2）发掘能人创业。挖掘“田秀才”“土专家”“乡创客”等乡土人才，支持创办家庭工场、手工作坊、乡村车间。发挥“产业能人”作用，成为创业战场“主力军”。

（3）培育主体带贫。充分发挥新型农业经营主体的产业带动作用，整理资源和技术，推广“党支部 + 集体公司”“党支部 + 合作社”“合作社 + 农户”等模式，让农户分享更多的产业成果，成为发展产业的“后备军”。

（资料提供：昭阳区永丰镇党委）

案例五　昭阳区田坝乡乡村产业振兴案例

习近平总书记指出，产业兴旺是解决农村一切问题的前提。乡村振兴要靠产业，产业发展要有特色，推动特色农业主导产业提质增效，推进农旅有机结合、产镇深度融合，打造产业新业态，培育乡村高质量发展新动能。乡村农业产业的稳定发展，是乡村社会稳步前进的关键，在稳步提高农民生活品质的同时，也将促使各行各业向着均衡协调、科学合理、和谐持久的方向发展。乡村产业高质量发展不仅能激发乡村群众的内生动力，还能不断缩减城乡差距，实现乡村振兴长效发展机制的建设。

一、基本概况

（一）田坝乡概况

田坝乡是昭阳区西面最边远的西凉山区乡镇，位于金沙江与牛栏江的交汇处，距城区110千米，东西最大纵距9千米，南北最大横距10千米。全境地形从东西南北呈长方形，东部山梁较高，西为两山间一峡谷，北与马尾水山梁顺河沟直下，南部地形变化最大，高山深谷掌状分布，从木厂村的锅圈岩到酒房村的铁池沟，海拔最高点为大山梁子2980米，最低点为川星店586米，高低相差2394米。田坝乡西与巧家县红山乡隔牛栏江相望，南与鲁甸县梭山镇唇齿相依，北与四川省金阳县只一江之隔，是两省四县（区）的交汇点，地理位置尤其重要。全乡辖6个行政村，分别是凉山村、木厂村、酒房村、田坝村、水屯村、二坪村；有36个自然村，108个村民小组。2020年，有乡村人口3806户14296人，民族以汉族为主。平均海拔1765米，年平均气温15℃，年降水量750毫米，适合种植花椒、核桃、马铃薯、红薯、魔芋等农作物。全乡有土地面积53.4平方千米，其中，耕地面积35737亩，林地面积34323亩。主要经济作物以花椒、马铃薯为主，其中酒房村、田坝村、水屯村、二坪村4个行政村种植青花椒17600亩，户均4.6亩，人均1.23亩，同步套种玉米、金豌豆、魔芋、红薯等农作物，村内高海拔区域种植雪椒200亩、套种核桃约2000亩；凉山村、木厂村种植马铃薯约5000亩，户均7亩，种植雪椒900亩，同步套种玉米、红薯、荞麦等农作物，并大力发展肉猪、肉牛、羊等养殖产业。田坝乡通过农业产业经济的平稳健康发展，扎实推进和谐、文明、富裕的社会建设。

（二）田坝乡产业发展情况

把产业脱贫作为治本之策，重点发展花椒、马铃薯的主导产业，辐射发展雪椒、养殖、红薯、玉米、荞麦、核桃等产业。全面推行“党支部＋合作社＋贫困户”的模式，确保每户至少有一项产业扶持，以实现户户产业全覆盖的要求。重点实施以下产业项目：

1. 马铃薯种植产业

以“党支部＋专业合作社＋贫困户”模式。2017年以来，在凉山村建立马铃薯高产栽培核心示范区500亩，示范带动全乡5000亩马铃薯高产栽培。组织实施马铃薯产业扶持种植项目，投入资金262.702万元，种植马铃薯2802.3亩，覆盖建档立卡户1034户4505人。其中，2018年投入资金230.15万元，种植马铃薯2301.5亩，覆盖建档立卡户731户3276人；2019年投入资金32.552万元，种植马铃薯500.8亩，覆盖建档立卡户303户1229人。逐步形成产业化、规模化、科学化的发展格局，以点带面，全面促进高海拔地区农户增收。

2. 青花椒提质增效产业

花椒产业是我乡农业支柱性产业之一，通过派出专业人员到重庆等地学习、聘请各级行业专家现场指导培训的方式，指导全乡实施花椒提质增效项目4131.2亩，共投入扶贫资金247.872万元，覆盖建档立卡户1181户5014人。其中，2018年投入资金59.16万元，实施花椒提质增效986亩，覆盖贫困户361户1556人；2019年投入资金188.712万元，同步实施花椒提质增效改造3145.2亩，覆盖建档立卡户820户3458人。全面促进了农户增收，增强了农户产业发展意识。2018年，整合挂钩单位高投公司补助资金168万元，在田坝村实施花椒提质增效1300余亩，涉及建档立卡户319户1306人（方式：采取“能人＋党支部＋合作社＋贫困户”以劳折资，补助给贫困户）。2019年，高投公司补助资金230余万元，改造1300亩花灌溉设施，涉及建档立卡户311户1270人。

3. 开展农业实用技术培训

现代农业科学化的管理离不开专业人员的示范带头。召开花椒、核桃整形修剪和田间管理培训36次，培训群众5600人次；召开整形修剪群众座谈会3次，参加群众达1300人。共涉及种植户2911户，其中建档立卡户1734户7322人，辐射带动20000亩花椒、2000亩核桃科学种植、科学管理。召开马铃薯高产栽培技术培训2次，培训268人次；召开马铃薯晚疫病防治培训1次，培训322人次；召开农作物病虫害防治技术2次，覆盖432人次。

4. 实施产业扶持资金挂靠帮带分红，强化利益联结机制

采取“龙头企业＋党支部＋专业合作社＋贫困户”发展模式，统筹整合资金。2018年生猪养殖产业扶贫资金68万元，2019年生猪养殖产业扶贫资金156.5万元，2020年冷链物流园项目扶贫资金89万元，以及2018年扶贫小额信贷资金660万元。基本实现了全乡建档立卡贫困群众资产收益的全覆盖，有力促进群众增收，稳步推动全乡脱贫致富。

5. 发展壮大村级集体经济

对全乡6家村集体经济发展有限公司和18家合作社进行日常经营管理工作，定期进行税务申报、年检等工作，共完成9家空壳合作社的清理注销。通过组织引导，动员全乡所有贫困群众加入农民专业合作社，鼓励入社群众抱团发展，并以产业扶贫资金挂靠帮带固定分红等形式，给广大群众带来资产收益，既壮大了村集体经济，又实现了贫困群众的稳步增收。

整合区级壮大集体经济 130 万元，采取“党支部 + 合作社 + 基地 + 贫困户”形式，入股区级农投公司，每村每年分红 2 万元，所得收益用于壮大 6 个村级集体经济和贫困户公益事业建设。整合资金 300 万元，以“党支部 + 合作社”的模式，整合农业产业资源，兴建酒房村蔬菜大棚项目，计划建设大棚蔬菜示范基地 10.62 亩，建设标准大棚 10 个，每个占地 480 平方米；供电系统 1 套；供水系统 1 套；仓库 1 个。通过项目建设，形成固定资产，覆盖的两个行政村每年增加收入 3 万元以上，保障村集体有钱办事。兴建田坝乡田坝村综合性停车场建设项目，新建 37 米 ×55 米的停车场，用于缓解赶集期间集镇交通压力及改善集镇停车环境，预计每年收入投入资金的 6%，进一步壮大村级集体经济。

6. 扶贫小额贴息生产贷款

对农村剩余劳动力，有产业发展意愿却又受启动资金限制的对象，积极为有贷款意愿且符合贷款条件的已脱贫户、边缘易致贫户提供扶贫小额信贷资金，政府按照国家基准利率帮助贴付利息。为贫困户提供 5 万元以下、3 年以内、免担保免抵押、基准利率放贷、财政贴息、县级建立风险补偿金的信用贷款，促进产业发展，共发放贷款 583 户，共贴息 85.96 万元。为有意愿、有能力的建档立卡户发展产业提供扶贫小额信贷资金，激发贫困群众的内生动力，财政贴息减轻贷款群众的资金压力，最终实现贫困群众脱贫增收。

7. 扶贫车间和实训基地建设

在二坪村新建花椒提质增效实训基地 1 个，投入 30 万元，建设培训基础设施，促进实用技术宣传推广，通过该项目实施，促进农户掌握新技术，提高贫困户自身劳动素养，增加贫困户收入，快速脱贫。在二坪村新建扶贫车间就业点 1 个，投入资金 1 万元，购置操作台、座椅及其他配套附属设备，以“贫困户 + 党支部 + 企业”的发展模式，增加不能外出贫困户就近务工机会，增加贫困户收入。

8. 新植雪椒项目

在高海拔地区因地制宜推广上千亩雪椒种植项目，增加群众产业发展路子，拓宽产业收入渠道，项目覆盖农户 300 余户。通过以点带面的方式，带动凉山、木厂两个行政村产业发展动力，拓宽其余 4 个村高海拔地区产业发展路子。

二、田坝乡产业发展的制约因素

（一）交通因素

田坝乡西与巧家县红山乡隔牛栏江相望，南与鲁甸县梭山镇唇齿相依，北与四川省金阳县这一江之隔，是两省四县（区）的交汇点，地理位置尤其重要。但道路交通发展极其落后，全乡仅有一条道路与昭阳区主城区连接，且 110 千米的道路需要近 3 个小时的车程，大大限制了全乡产业的发展，特别是生鲜农产品的外销，对运输成本、运输时间等要求较为严苛，所以交通条件是限制全乡产业发展的重要短板，田坝乡产业发展亟须改善交通运输条件。

（二）地形地貌因素

田坝乡东西最大纵距为9千米，南北最大横距为10千米。全境地形从东西南北呈长方形，东部山梁较高，西为两山间一峡谷，北与马尾水山梁顺河沟直下，南部地形变化最大，高山深谷掌状分布，从木厂村的锅圈岩到酒房村的铁池沟，海拔最高点为大山梁子2980米，最低点为川星店586米，高低相差2394米。全乡山高坡陡，支离破碎，沟壑纵横，海拔落差极大，大大限制了农业产业发展，特别是规模化、机械化的产业发展方式，全乡产业发展以家庭小农产业为主，各自为战。

（三）市场因素

因交通等因素限制，导致田坝乡花椒、马铃薯等主导产业至今未与任何大型企业达成战略合作协议，外销主要以四川、重庆等外地小型商人拉动，导致市场受限。虽然基本未发生滞销现象，但是中间商通过压榨市场价格，间接导致我乡支柱产业发展受限，严重打击了农户发展产业的积极性，故而受市场影响较大。

（四）劳动力因素

近年来，随着社会经济的发展，转移就业前景广阔，越来越多的年轻人选择自主或者通过政府组织外出转移就业，农村劳动力大量外流，给产业发展带来了不利影响。劳动力涌向城市，造成农村劳动力的流失。这不仅会影响当前田坝乡农业的生产和发展，降低农村耕地的使用效率，同时农村人口老龄化的问题也极大影响着农村基础设施建设的完善及现代化农业的建设。农村土地是农民生活的重要经济来源，也是当前田坝乡农业发展的重要基础。随着农村劳动力的流失，农村青壮年选择进城务工，让大量农村土地资源闲置，极大地影响了农村耕地的使用效率。当前农作物种植的价格和经济效益都不高，也极大影响了农民农业生产种植的积极性，也会让农村的生产保持一种粗放型的管理模式，无法提升农业生产的经济效益，甚至很多农民会选择经济效益更高的产业项目，这些都对现代化农业的生产和发展带来束缚，难以为现代化农业的生产提供有效的劳动力支持。农村劳动力的流失，也给现代化农业生产技术的推广带来难度。农村的老年人口对于现代化农业技术的掌握能力不强，科学技术的认知水平也都比较低，对于很多技术不能操作，无法真正实现规模化的农业技术生产，同时也影响了现代农业的发展。

（五）抗自然灾害能力差

田坝乡属于典型的山地地区，正常降水较少，旱期较长，因地形影响，农村水利基础设施建设难度极大。因水利设施极容易受地质灾害损坏，导致维护成本较大，因取水水源点较远，需覆盖的面积较广，在干旱时期农业生产种植用水紧张，使得农作物大量减产，这些问题都严重制约了田坝乡的农业产业经济发展。

三、田坝乡推进乡村振兴基本做法

（一）科学管理及宣传引导方面

全面做到党员干部帮扶到户，当好群众产业发展带头人、技术指导引路人和科学管理倡导人，全面构建起了人人有责、人人负责的产业发展作战体系。支部牵头，党员带头，以党建提升为契机，产业扶贫为抓手，加强“两学一做”教育常态化、制度化，注重党的政策方针和产业发展的宣传引导，利用全国远程教育平台，组织基层党员收看云岭先锋夜校系列节目，组织“万名党员进党校”产业发展专项培训，加强组织队伍建设，锻造产业扶贫“先锋队”。充分提高农村党员产业发展的理论和实践水平，发挥广大党员带头示范作用，激发驻村扶贫工作队干事热情，按照带动发展产业扶贫的基本方针政策开展扶贫工作，同时实现党建严格推进，做到在党建的过程中做好产业发展，在推动产业发展中不忘严抓党建。建设党建核心队伍，加强核心队伍管理。乡党委、政府切实把工作重心放在产业发展上，牢固树立抓产业就是抓发展的理念，把产业发展与经济社会发展融合起来，通过抓产业发展推动各项工作更上新水平。

（二）产业基础设施建设方面

已实施乡村公路且危险路段有防护工程，2018 年，投入资金完成乡村公路防护工程 9.606 公里，2019 年，完成乡村公路防护工程 67.665 千米，共投入资金 1111.99 万元，进一步提升产业运输安全性；已实施贫困村居住 50 户以上自然村且不易地扶贫搬迁的村组公路硬化工程。2019 年完成 14.004 千米，2020 年完成 2.071 千米，共投入资金 605.69 万元，已实施贫困村居住 30 户至 50 户自然村且不易地扶贫搬迁的村组公路硬化工程。2018 年完成 3.18 千米，2020 年完成 45.915 千米，共投入资金 2973.58 万元；已实施养护修复工程及其他，2020 年计划完成 30.621 千米，投入资金 1145 万元。“十四五”期间，计划申报实施酒房至梭山二级公路建设，通过连接都香高速，增加产品输出渠道，拓宽农业产业产品输出渠道，拓宽农业产品销售市场，提高市场抗风险能力。计划实施小型农业灌溉设施，二坪村新建（修缮）各类干渠 8 条 15000 米（青坪至下坪子 600 米；中梁子至垮山头 1100 米；头道水至电厂 4000 米；电厂至下坪子 1900 米；白草坝至酸子树 2000 米；大沟头至下坟山 3000 米；水红树至锅厂 900 米；15 组二道水沟至 17 组沙子地 1500 米），二坪村实施农业灌溉管网工程 1 件，新建规格 10 立方米调节水池 24 个，5 立方米调节水池 500 个，闸室井 524 个，埋设各型管材 198000 米，安装各型配件。水屯村实施农业灌溉管网工程 1 件，新建规格 10 立方米调节水池 24 个，5 立方米调节水池 520 个，闸室井 544 个，埋设各型管材 210000 米，安装各型配件。田坝村实施农业灌溉管网工程 1 件，新建规格 10 立方米调节水池 7 个，5 立方米调节水池 143 个，闸室井 150 个，埋设各型管材 50000 米，安装各型配件。酒房村实施农业灌溉管网工程 1 件，新建规格 10 立方米调节水池 24 个，5 立方米调节水池 426 个，闸室井 450 个，埋设各型管材 175000 米，安装各型配件。农耕路申报建设方面。二坪村硬化 12

组宽 1.5 米农耕路 800 米，每米 150 元。硬化 8 至 21 组宽 1 米农耕路 9200 米，每米 130 元。酒房村从梁子田至大洼硬化 4.5 米宽农耕路 2500 米，从潘家碑坟至石旮旯开挖和硬化 3 米宽农耕道 2000 米。水屯村从水井湾小学至村委会开挖和硬化宽 1.5 米长 2000 米农耕路，开挖和硬化岔角田至桐子林 1.5 米宽农耕道 3000 米，每米 150 元。田坝村从 11 组，12 组组内农耕路开挖和硬化 1 米宽农耕道 2000 米，每米 130 元。木厂村分水岭至梁子开挖和硬化 3.5 米宽农耕路 6000 米，凉山村从新营盘至樊家沟开挖和硬化 3 米宽农耕道 4000 米。通过项目申报，实施后乡内各小组基本实现农耕路建设及辐射覆盖，为产业小型规模化和小型机械化发展提供可能，进一步提升了现代化水平和抗自然灾害水平。

四、田坝乡推进乡村产业振兴的经验和启示

（一）产业发展要因地制宜发展特色产业，挖掘产品潜在价值

（1）要让消费者充分了解产品的价值，如产品的生长环境、营养成分、生产过程、原料、生产环节、生产人员等溯源信息。

（2）注重农产品包装升级换代，田坝乡在推进产业发展过程中改变了往常的初级包装加工，推广深加工技术，以此充分挖掘农产品深度价值，给农副产品插上科技的翅膀。田坝乡因地制宜打造以花椒、马铃薯为主导，以养殖业、红薯、核桃、雪椒等为辅助的立体化产业发展模式。重点是依托立体化的自然气候环境，开发拥有竞争力的特色产品，发展具有地区特色的主导产业。重视产业链与价值链的拓展，提高乡村产品的附加值，加强乡村产业的抗风险能力。

（二）产业发展要加强现代农业技术与管理方法宣传，注重合理引导

村民基于风险规避原则，参与现代化农业产业发展的积极性不高。乡党委、政府按照科学管理、科学发展的思路，发挥党员带头模范作用，党员带头，对花椒采取病虫害防治、修枝剪枝、灌溉管理、农业保险保障等多项现代化管理方法。政府鼓励支持党员优先示范，通过以点带面，带动所有农户摈弃粗放型管理方式，全面提升现代科学化管理，优先在村内实施产业发展示范村民小组，用示范村民小组产业发展成果调动农户科学化管理的积极性。

（三）产业发展要强化政府主导作用，不断提升政府服务能力

在产业发展中充分发挥政府的推动者、引导者和决策者角色。扎实开展“大调研、大遍访”，落实“村村清、户户清”，结合自身实际积极，编制完善产业发展规划，科学引领产业发展工作，加大农业产业保险投入机制，降低农户发展风险。不断提升执行力、落实力，紧扣政府的安排部署，紧抓产业发展中的难题、短板，狠抓工作落实，务求工作实效。以便民为方向，深化便民服务改革，从服务对象的便利性需求出发，以民之所望为施政所向，创新服务方式，优化服务质量。

（四）产业发展要拓宽发展渠道，实现多元化的生产经营模式

巩固好、发展好现有的花椒和马铃薯支柱产业，壮大其他特色产业发展，注重培养和扶持新型农村农民专业合作社等经营主体。着力推动一乡多品建设，创新发展其他特色农业产业，加快推进花椒等农产品的品牌化，建设花椒产业基地，进行精细化加工，拓宽销售渠道，提升产品市场品牌力和竞争力，让老百姓更充分地感受到科学化、品牌化所带来的实惠，调动产业发展积极性，增加农民收入，从而促进经济社会发展。

（资料提供：昭阳区田坝乡党委）

案例六 洒渔镇乡村产业振兴案例

脱贫攻坚战目标的实现，为乡村振兴的全面实施打下了坚实的基础；乡村振兴必须以脱贫攻坚成果的进一步巩固、拓展和提升为前提，做到脱贫不返贫。乡村产业发展是脱贫攻坚的内生动力，也是乡村振兴的发力点，要牢牢抓住乡村产业这个脱贫攻坚与乡村振兴两者的关键连接点，做到产业高效高质发展，实现脱贫与乡村振兴的有效衔接。

一、基本概况

党的十八大以来，各地农业农村部门持续推进贫困地区产业发展，832 个贫困县累计建成各类产业基地超过 30 万个，98% 的贫困户享受产业扶贫政策。贫困地区产业发展条件显著改善，为巩固拓展脱贫攻坚成果同乡村振兴有效衔接打下坚实基础。

洒渔镇立足产业扶贫重点，按照产业兴旺、生态宜居、乡风文明、治理有效、生活富裕的总要求，探索创新农业产业化扶贫模式，组建“龙头企业 + 合作社 + 贫困户”的三方产业联合体，推进“资源变资产、资金变股金、农民变股东”的“三变”改革，建立统一科学的品牌化质量管理体系。配套“+ 党建”“+ 集体经济”，建立利益联结机制，走出了一条“以党建为引领、以产业为动力、以扶贫为主线、以生态为主题、以乡风为抓手、以民生为保障”的乡村振兴之路。

（一）洒渔镇概况

美丽的洒渔镇位于昭通坝子中部区域，距昭通城 15 千米，辖区面积为 222 平方千米，共 9 个行政村。2019 年末，有乡村户数 19703 户，人口 66066 人，其中建档立卡贫困户 3432 户 14110 人。洒渔镇是昭阳区的苹果大镇，滇字第一号水利工程——昭通渔洞水库就建设于辖区内。土壤肥沃，水源丰富，享有“苹果之乡、鱼米之乡、烟柳之乡、鼓魂之乡”的美誉。2012 年被评为“云南省农业特色型小城镇”；2013 年 7 月被农业部认定为第三批全国“一村一品”示范镇；同年镇巡龙村被住建部、财政部等列入第二批中国传统古村落名录；2014 年 7 月被国家住建部、财政部、发改委等七部委列为全国重点镇；2015 年被确定为云南省建制镇示范试点镇；2017 年 7 月定为全国农村综合性改革示范试点镇；2020 年，洒渔镇被国家农业农村部授予“2020 全国乡村特色产业十亿元镇”荣誉称号。

（二）洒渔镇产业发展情况

1. 绝佳的气候生态环境

洒渔镇地势北高南低，最高海拔先峰云 2618 米，最低海拔水碾 1870 米，年平均气温

11 摄氏度，无霜期 180~240 天，年平均降雨量 729.7 毫米，年日照 1889 小时，土壤为黄壤、黄棕壤、紫色土、水稻土，呈酸性。

2. 悠久的苹果种植历史

洒渔是昭通苹果发源地，1940 年，留美博士吴镜漪老先生从四川成都华西大学引入 160 棵苹果树到洒渔乡白鹤村李仲举家的庄园种植后，苹果这个产业就在洒渔乡安家落户。20 世纪 60 年代，为了推广苹果种植，创建了第二批苹果园，这批苹果树成为目前昭通树龄最长的苹果树，树龄足有 56 年。在昭通市水果技术推广站位于洒渔镇的试验基地，56 年树龄的苹果树还剩下两棵，一棵枯干了，仅存一棵，已被保护起来了。1995 年，洒渔镇将这棵进村的母本为印度品种的苹果改接为红富士，现在干周 1.4 米，树高 3.9 米，树冠 7.2 米，产量达 200 千克 / 年。

3. 完善的产业链布局

洒渔镇苹果种植面积已达 13.1 万亩，投产 11 万亩，已形成了以松本井、神砂、昭锦 108、新世纪、新红星、德国红心、红将军、秦冠、红富士、2001 富士为主要品种，形成早、中、晚熟苹果相补充的苹果产业格局，年总产量近 40 万吨，苹果种植、加工、销售等配套产业链年总产值突破 25 亿元，产业发展成效显著，成为昭通市产业发展的龙头乡镇。在新立村流转土地 7000 亩，建设“洋芋帝国”高标准马铃薯示范种植基地，全镇马铃薯种植面积达 2.3 万亩，进一步促进农业产业规模化。在已有 130 亩苹果交易市场的基础上，建设完成占地 174 亩的苹果物流园区，基本形成产、供、销一体化的产业格局，完善了生产、包装、物流、销售等环节的产业链，极大地促进洒渔第二、第三产业的发展。

4. 知名企业助力产品推广

多家知名企业进入洒渔镇，推动洒渔苹果产业不断向前发展。云南百强企业玉溪百信农业科技有限公司在洒渔开展苹果仓储冷链物流及包装加工销售，每年可加工销售苹果 5 万吨；云南国投中鲁果汁有限公司依托苹果先后开发出浓缩苹果浊汁、浓缩脱色苹果汁、浓缩脱色脱酸苹果汁等多种产品，出口国外市场，如欧、美、亚和大洋洲等地区，实现了将洒渔苹果多元化推广。

5. 新基建赋能智慧农业

洒渔镇抢抓新型基础设施建设机遇，加快布局 5G、数据中心、工业互联网，推动传统基础设施升级改造，促进新型基础设施与经济社会深度融合，充分发挥新型基础设施建设对传统产业数字化的叠加效应、乘数效应。不断推广实施农业大数据应用和农业物联网工程，开展数字农业基地试点建设，推动有条件的企业实施数字化、网络化、智能化改造，现代化产业园基地纷纷建成、各种温室智能设备、现代化的电商物流等实现苹果高效种植、施肥灌溉一体化、虫情监测自动化，农业的生产、流通效率得到极大提升，促进苹果产业迈向新台阶。

二、洒渔镇推进乡村产业振兴基本做法

洒渔镇产业发展促脱贫之路依托高原特色苹果产业，聚力打造“洒渔苹果”高原特色产业品牌，结合昭阳区“一县一业”示范区建设，全力打造昭通优质苹果生产基地。持续推进苹果种植、马铃薯种植、产业培训、低产果园改造、养鸡等扶贫产业建设，扩展就业渠道，开展种植技术、畜牧养殖技术等农业技术指导，增强洒渔镇的产业发展与脱贫效益。

（一）产业发展的规划

为了促进洒渔镇苹果产业快速发展，2015 年，按照《云南省财政厅发展改革委住房城乡建设厅关于开展建制镇示范试点工作的通知》（云财农改〔2015〕1 号）要求，结合洒渔实际，呈报《昭通市昭阳区 2015 年洒渔建制镇示范试点实施方案》。围绕探索城乡一体化体制机制建立建制镇示范试点，主要构建公共服务设施和公共服务体系建设项目、构建新型农业产业化体系，建立健全城乡一体化产业格局建设项目、优化产业发展环境等三个方面。2015—2017 年，三年计划投入资金 28959 万元，其中申请省级建制镇示范试点奖补资金 6000 万元，整合项目资金 11888 万元，社会投融资 11071 万元。目标是将洒渔镇建制镇示范试点建设为以优质苹果产业、中心集镇和重点镇美丽乡村。力争到 2020 年，发展成为规划科学、经济发展、功能完善、特色鲜明、宜居宜业的具有较强人口和产业集聚能力的西南苹果产业典型示范镇和昭龙生态产业经济示范带的重点镇及城乡一体示范试点名镇，实现全镇经济总量全区第一，三次产业进入可持续发展的快车道，有效推进以城带乡、乡村联动、一体发展。

在上述发展目标的基础上，通过 5 年来的不懈努力，洒渔镇在 2020 年末实现建制镇示范试点建设目标，全镇苹果种植面积 13.1 万亩，投产 11 万亩，年总产量近 40 万吨，苹果种植、加工、销售等配套产业链年总产值突破 25 亿元，人均可支配收入 16215 元，3432 户 14110 贫困人口全部脱贫。2020 年，洒渔镇被国家农业农村部授予“2020 全国乡村特色产业十亿元镇”荣誉称号，巩固脱贫攻坚成果推进乡村振兴有了坚实的产业基础。

（二）产业发展实施情况

1. 苹果产业不断做优做强

全面推广苹果种植“七个一”标准，完成老果园提质增效改造 4.1 万亩，巡龙村、大桥村、弓河村成功申报为“一村一品”专业村。目前，全镇苹果种植面积 13.1 万亩，投产 11 万亩，年总产量近 40 万吨，苹果种植、加工、销售等配套产业链年总产值突破 25 亿元，产业发展成效显著，成为昭通市产业发展的龙头乡镇。

2. 产业发展品牌化导向不断明确

强化品牌建设与宣传，不断加强洒渔苹果对外的宣传推介力度。随着物流业的不断发展，镇驻地已有邮政、圆通、韵达等多家快递公司进驻。在淘宝网、阿里巴巴、京东及微信平台销售苹果的经营商有 500 余户，电商平台有了一定基础，农村电子商务物流服务平台标准化

建设项目已启动建设。同时，在上级各部门的帮助下，号召企业、合作社、诚信的苹果大户，将其信息发布到全省新闻媒体，宣传、销售、推介洒渔苹果。“鹤送”“高原红”等一批苹果品牌崭露头角，品牌形象通过电商平台向全国发布，在广东、上海掀起“昭通苹果热”，推动了品牌战略的实施和本土品牌的发展。

3. 商贸服务业不断繁荣

已建成的中心集镇占地面积 2.3 平方千米，日均流量达 2 万人以上，现已成为西南地区最大的苹果交易集散中心。苹果每年自 7 月下旬到 12 月底上市，日均交易量超过 3500 吨，每年可吸引外来苹果经销商 3000 余人，外来度假旅游人员 10 万人次，带动分拣、包装、仓储、物流、餐饮、住宿、旅游等行业就业 8000 余人，基本形成产、供、销一体化的产业格局，完善了生产、包装、物流、销售等环节的产业链。苹果产业已成为全镇农业主导产业中特色优势最强、生产规模最大、产业链条连接最紧、比较效益最高、农民增收效果最好的产业，为发展洒渔苹果产业奠定了坚实的基础。

4. 文旅产业开创新局面

依托昭阳八景之一的“洒渔烟柳”，国家 3A 级旅游景区名樱庄园等旅游景点，每年吸引游客 10 余万人，带动洒渔乡村旅游业快速发展。

三、贫困农户参与机制和实施效果

（一）贫困农户参与机制

洒渔镇借助产业资源优势，采取“党支部 +N”的集体经济发展模式，通过“跨村联办、抱团发展”等方式，同步实施“党支部 + 集体公司”“党支部 + 合作社”“合作社 + 农户”和独立经营四种农户参与模式，促进贫困户积极参与的同时有效破解了发展壮大村级集体经济这一难题，实现建档立卡贫困户产业全覆盖。

1. “跨村联办、抱团发展”模式

洒渔镇采用几个支部携手合作联办，推动产业联合促抱团发展、资金联动促互助发展、经营联抓促高质发展、资源联管促统筹发展的模式，通过抱团发展，不仅打破了村域之间资源要素有效流动的壁垒，还跳出各自为战的惯性思维束缚。统筹整合上级下达资金共 3520 万元，撬动群众投资 1.4 亿元，在大桥村建成占地 174 亩的苹果仓储冷链物流园区（建有总容量 2000 吨的气调库 14 个、应急避难场所 1 个、苹果交易市场门面 521 个），联合成立馨桥集体经济公司，逐步形成产供销一条龙的苹果产业链，有效破解了发展壮大村级集体经济这一难题。目前 9 个村集体经济年收益均已突破 2 万元，其中，大桥村、联合村、三台村集体经济收益突破 10 万元，大桥村村集体经济收益已达到 100 万元。

2. “党支部 + 集体公司”模式

洒渔镇坚持“党建引领促发展”，充分发挥基层党组织的示范引领作用，在大桥村积极争取到了全国家村综合性改革示范试点苹果气调库建设项目。通过强化组织领导、解放思想，开拓创新、结合本地实际，走自己的特色发展之路、选好用好人才和建立有效的管理体制机制等五项措施，把产业发展落到促进农民增收上来，全力以赴消除贫困。

3. “党支部＋合作社”模式

通过鼓励企业、合作社流转土地，采取“能人带头、党员带动、公司管理、群众参与”的模式，建设标准化生产示范样板。现已组建苹果产销协会 1 个，成立专业合作社 103 个，建有冷库 54 座，2000 吨气调库 1 个、纸箱厂 4 家、网套厂 5 家、纸袋厂 5 家。大桥村启腾苹果种植专业合作社在弓河村流转土地约 3000 亩进行规范化、标准化的多个新品种种植模式。将组织化提升落实到苹果生产、贮存、加工和销售各个环节。将果农纳入合作社，有效提升苹果产业组织化程度，实现了辖区的苹果种植、销售全覆盖管理服务，形成了产销一体的格局。

4. “合作社＋农户”模式

“合作社＋农户”模式坚持“市场化经营、企业化管理、股份化合作”，实现土地变资金、群众变股东，采取“党支部＋集体公司＋合作社＋农户”的模式经营管理，实现了增收。

具体做法是：①通过合作社把建档立卡贫困户以产业发展为主线组织起来，培训、示范、带动参与高原生态乌鸡养殖；②专业合作社具体负责育雏、技术及管理服务、原料供应，让村集体资产运营公司或贫困户在零风险条件下，获取固定收益；③贫困户再以所获得的固定收益为启动资金进行合作；④贫困户收益不断增多，达到“短能脱贫、长能致富”目标。例如联合村养鸡项目，采用该模式，2020 年实现集体资产收益 12 万元，项目受益建档立卡户 75 户；户均每年可新增收益 640 元，总体年收益 4.8 万元，并带动养殖户 25 户，间接带动种植户 50 户。直接安排 6 人工作，年提供工资性收入 18 万元。直接带动 50 户养殖户进行高原特色生态乌鸡养殖，年存栏蛋鸡 25300 只，增收 2000 元。收购 50 户农户无公害玉米，年增收 3 万元。项目每年促进农业增收 58 万元。

5. 独立经营模式

对于具有劳动能力和苹果种植、养殖经验，具备一定自我发展潜力的贫困户，给予一定的贴息贷款支持和扶贫资金补贴。贫困户通过独立经营，增加收入，达到增产增收的目的。

（二）实施效果

产业发展助推脱贫的目的在于通过发展产业的方式实现精准脱贫，实现从“输血”到“造血”的转变。根据洒渔镇独特的地理资源和自然环境，提高发展自主产业的主动性，形成带动贫困户增收的新路径，提高扶贫效果和充足的发展后劲。洒渔镇的产业发展助推脱贫的效果体现在以下方面。

1. “一镇一品”初具规模

在组织领导、产业投入、政策措施上强势推进，全镇耕地 16.3 万亩，苹果种植面积达 13 万亩，投产 11 万亩，拥有早、中、晚熟苹果品种近 10 余个。2020 年底，苹果产量突破 40 万吨，产值达到 20 亿元，果农来自苹果产业户均收入 7 万元左右，人均 2 万元左右。

2020 年，洒渔镇被国家农业农村部授予“2020 全国乡村特色产业十亿元镇”荣誉称号，巩固脱贫攻坚成果推进乡村振兴有了坚实的产业基础。

2. 建成区域性苹果交易中心

洒渔镇已经成为西南地区最大的苹果交易集散中心，承担了昭通市 80% 以上的苹果交易。苹果自 7 月下旬到 12 月底上市，日均交易量达 3500 吨，解决季节性就业人员 8000 余人，带动餐饮、住宿、物流、仓储、信息等产业迅猛发展，邮政、圆通、韵达等多家快递公司进驻，在淘宝、京东等电商平台销售苹果的经营商达 500 余户。

3. 促进美丽村镇建设

以万亩连片苹果园为依托，让果园环绕村镇，让村落融入果园。统筹山、水、林、田、湖治理，整治洒渔河水质和流域河道，重现自古就名列昭阳八景之一，绿柳摇曳、风光旖旎的“洒渔烟柳”秀美景致。通过修筑景观台、网红路，把水岸、果园、村落融为一体，建设“山水田园一幅画”的美丽乡村。通过开展苹果老果园标准化提升改造，推广无公害、绿色、有机栽培管理技术，将进一步改善我镇的生态环境，推动全镇生态农业的快速发展。

4. 农民收入不断提高

近年来，洒渔镇按照“老产业 + 新理念 + 新机制 + 新技术 = 新产业”的发展思路，聚焦提升发展具有传统比较优势的苹果产业，推动乡村产业振兴，有效促进农民“钱袋子”鼓起来。2020 年，全镇农村居民人均可支配收入 16215 元，脱贫致富有了坚实的收入保障。

5. 社会带动示范效益显著

发展苹果产业，为增加农民人均纯收入和农村经济发展及周边地区苹果产业升级和农村经济发展起着较大的示范与推动作用。引领更多的农户发展苹果产业，促进全镇苹果产业健康、持续发展，具有显著的社会效益。

四、洒渔镇推进乡村产业振兴经验和启示

（一）充分发挥政府的主导作用

政府需要充分发挥推动者和引导者的角色。以村镇为单元，科学编制规划，对产业发展和乡村振兴进行个性化塑造和特色化提升，引导村镇周边分散农村建房有序向中心集镇汇聚，为产业发展留出足够空间。以“一个农业特色主导产业就是一道靓丽风景”的思路，做大做强特色农业主导产业。

（二）强化产业政策指引，推动产业扶贫各项政策向乡村振兴转化

（1）要保持政策延续性。保证贫困地区产业扶贫相关政策在完善提升的前提下，保持相对稳定，确保脱贫人口不返贫，不发生新的贫困。

（2）要加强政策的精准性。将政策制定和执行的“精准”原则贯穿于始终，将减贫增收对象逐渐从建档立卡贫困户向边缘户，再向全体农民拓展。

（3）要放宽政策的普惠性。产业扶贫政策与农村社会保障政策有机衔接，逐步将针对绝对贫困的举措调整为针对相对贫困的常规性、普惠性社会保障措施。

（三）强化机制衔接

（1）抓好制度建设。全面调动资金、项目、人才、技术等要素聚焦乡村振兴，健全完善干部激励、考核评比、督导检查等体制机制。

（2）要健全发展机制。积极培育壮大龙头企业，大力发展扶贫车间、农民专业合作社和自主经营者，提升农业生产经营组织化程度，把农业生产引入现代农业发展轨道。

（3）要探索利益联结机制。丰富完善返租倒包、产业托管、股份合作等机制，探索发展“大产业＋新主体＋新平台”的思路，特色产业设施化、有机化、数字化发展，全面推进农业庄园、家庭农场建设，强化利益融合，提升农民参与度和受益率。

（四）加快重点项目建设，全力推进招商引资

重点围绕集镇建设、农业产业发展、旅游发展、基础设施建设，有针对性地谋划、储备一批事关全镇经济社会发展项目，为全镇经济和社会加快发展打下基础。以项目建设撬动经济发展，健全项目推进机制，优化项目全程服务，努力谋划村集体经济良性长远可持续发展，不断增强村集体经济实力。突出“招大、引强、选优”，依托苹果产业园区的集聚优势，重点引进龙头型、链条型、科技型的大项目。围绕产业链各环节，开展多元化招商，实施联合招商、以商引商，推动经济加速奔跑起来。着力引进龙头型企业，以特色产业为依托，将产品向全市全省扩展。

（五）强化产业扶贫与产业兴旺衔接典型案例的示范带动

（1）要打造典型示范。聚力打造“洒渔苹果”高原特色产业品牌，始终坚持以苹果产业为核心的产业发展思路，结合昭阳区“一县一业”示范区建设，全力打造昭通优质苹果生产基地。

（2）要鼓励创新发展。在开展试点建设中给予地方“能动空间”，鼓励创新，敢于试错，激发新活力。

（3）要加强总结宣传。打好脱贫攻坚总结宣传“阵地战”，要立足主流阵地，集结各方面的宣传力量形成工作合力，明确职责分工，实行任务分解，全面加强脱贫攻坚信息谋划、经验总结、案例收集，注重扶贫宣传质量。继续抓好脱贫攻坚资料收集工作，要聚焦典型宣传，宣传先进事迹和典型经验，对脱贫攻坚作深入总结提炼，深度挖掘典型事迹，弘扬乡村振兴主旋律，唱响产业扶贫好声音，讲好产业兴旺好故事。

（资料提供：昭阳区洒渔镇党委）

致谢

本书在撰写的过程中，得到了云南省社科联相关领导、同志的大力支持，在此表示衷心的感谢！

本书在撰写相关案例的过程中，也得到了永德县乌木龙乡党委、祥云市沙龙镇党委、广南县乡村振兴局、昭阳区永丰镇党委、昭阳区田坝乡党委、昭阳区洒渔镇党委等单位领导和同志们给予的特别帮助，在此表示衷心的感谢！

此外，西南林业大学经济管理学院的硕士研究生骆书发、邵小育、黄丽、余雨薇、张晋豪、赵丽等投入了大量时间进行研究、调查、参与编写，对他们的辛勤付出表示特别感谢！

由于时间仓促，加之编者水平有限，书中还有不足之处，恳请各位读者给予指正和谅解！